# LES MEILLEURES RECETTES
# Barbecue

Jacqueline Bellefontaine

© 2003 Copyright PARRAGON pour l'édition française

***Réalisation :*** InTexte Édition, Toulouse
***Traduction de l'anglais :*** Sophie Guyon

ISBN : 1-40541-442-1

Imprimé en Chine

**Note**

Une cuillère à soupe correspond à 15 à 20 g d'ingrédients secs
et à 15 ml d'ingrédients liquides. Une cuillère à café correspond à 3 à 5 g d'ingrédients secs
et à 5 ml d'ingrédients liquides. Sans autre précision, le lait est entier, les œufs sont
de taille moyenne et le poivre est du poivre noir fraîchement moulu.

# Sommaire

# Introduction

Comment expliquer qu'un plat cuit dehors, au feu de bois, soit aussi appétissant ? Est-ce le grand air ? ou bien les effluves qui embaument l'atmosphère ? ou encore le crépitement de la viande ou du poisson frais sur le gril ?

Quelle qu'en soit la raison, les barbecues ont la cote ! et de plus en plus ! Ce n'est pas étonnant étant donné la multiplicité des plats succulents qu'il est possible de préparer ainsi. À lui seul, ce livre rassemble 120 recettes : aucun danger que vous ne soyez à cours d'inspiration !

Il est bien loin le temps où la cuisson au barbecue était réservée aux seules saucisses et viandes grillées. Bien sûr, nous vous proposons des recettes traditionnelles de viandes et de sauces pour accompagner les saucisses. Mais pourquoi ne pas essayer le poisson ? Non seulement il supporte parfaitement la cuisson au barbecue, mais en outre, il est bon pour la santé.

Et puis n'oublions pas les dizaines de marinades et de sauces savoureuses pour les amateurs de viande, ainsi que les plats végétariens, salades et accompagnements. Vous trouverez même des desserts !

## QUEL BARBECUE CHOISIR ?

Inutile de disposer d'un barbecue sophistiqué pour réussir des plats appétissants, mais, après avoir testé certaines de ces recettes, vous pourriez envisager d'investir !

Pour l'essentiel, les barbecues sont des appareils avec un feu ouvert surmonté d'une grille, sur laquelle cuisent les aliments. Rien de plus simple pour improviser un barbecue que de disposer de quelques briques et d'une vieille grille de four. Il existe toutefois des barbecues spécialement conçus, de toutes formes et tailles, depuis le petit barbecue jetable (caissette d'aluminium) jusqu'au gros modèle au gaz.

Comme leur nom l'indique, les **barbecues portatifs** et **semi-portatifs** sont plutôt petits. Certains sont équipés d'un support ou de pieds pliants, ou fixes. Si vous avez un petit modèle et que vous cuisinez pour un grand nombre de personnes, faites cuire vos aliments par roulement de sorte que vos invités peuvent commencer à manger alors que le reste cuit.

La plupart des **barbecues ouverts**, aux pieds hauts et munis d'un écran protecteur, sont légers et portatifs. Sur certains modèles, il est possible de régler la hauteur de la grille. D'autres proposent un tournebroche électrique.

Pour cuire des pièces entières de viande, il vous faut un **barbecue couvert**. Le couvercle recouvre toute la surface du barbecue, ce qui élève la température de cuisson des aliments et agit, en fait, à la manière d'un four. Les grilles d'aération permettent de contrôler la température. Utilisé sans couvercle, ce type de barbecue fonctionne comme un barbecue classique.

Les gros **barbecues rectangulaires** sont plus sophistiqués. Ils sont munis de roulettes et souvent d'un comptoir.

Les **barbecues électriques** ou **au gaz** utilisent des pierres volcaniques. Cela n'a aucune incidence sur l'arôme puisque celui-ci émane de la cuisson des graisses et des jus sur les charbons et non du combustible.

## MATÉRIEL

Hormis le barbecue, vous n'avez pas besoin de matériel particulier. Munissez-vous cependant d'une paire de **gants isolants** (maniques). Des **ustensiles à long manche** peuvent s'avérer utiles, et également plus sûrs et pratiques d'utilisation. Si vous cuisinez régulièrement au barbecue, vous pouvez investir dans un coffret d'accessoires, peu onéreux. Les **grilles** pour hamburgers, saucisses et poissons sont utiles mais non essentielles.

Il vous faudra un jeu de **brochettes**. Les *brochettes métalliques* doivent être plates pour que les aliments ne glissent pas pendant la cuisson. N'oubliez pas que les brochettes métalliques deviennent brûlantes, alors portez des gants isolants ou des pinces pour les retourner. Les *brochettes en bois* sont moins chères que celles en métal mais durent souvent moins longtemps. Faites-les toujours tremper au moins 30 minutes dans l'eau froide avant de les utiliser afin d'éviter qu'elles ne brûlent pendant la cuisson et recouvrez de papier d'aluminium les pointes exposées.

Un pulvérisateur d'eau est utile pour abaisser la température du charbon ou étouffer les flambées soudaines.

## ALLUMAGE DU BARBECUE

On utilise le plus souvent du **charbon de bois**, mais le bois convient également. Le charbon de bois peut se présenter en morceaux, de formes et de dimensions irrégulières, faciles à allumer, ou en briquettes, qui brûlent plus longtemps et dégagent une chaleur plus uniforme ; elles sont cependant plus difficiles à allumer.

Allumez le barbecue au moins une heure avant de commencer la cuisson. Empilez le charbon dans le réceptacle et démarrez le feu avec un allume-feu spécial solide ou liquide. N'utilisez pas d'allume-feu pour cheminée, il colorerait les aliments. N'allumez jamais un barbecue avec de la paraffine, du pétrole ou de l'alcool, c'est très dangereux.

Le barbecue est prêt lorsqu'il n'y a plus de flammes et que le charbon est recouvert d'une mince couche de cendre blanche. Étalez alors le charbon uniformément.

## AVANT LA CUISSON

Pour que les aliments n'adhèrent pas à la grille, graissez-la. Ne faites cette opération sur le barbecue afin d'éviter que l'huile s'égoutte sur le charbon et s'enflamme. Pour la plupart des recettes, mettez la grille à environ 7,5 cm du charbon. Placez-la plus haut pour une cuisson plus lente. Si vous ne pouvez pas régler la hauteur de la grille, ralentissez la cuisson en étalant le charbon ou en mettant les aliments sur le bord, où la chaleur est moins intense.

Si votre barbecue est muni de grilles d'aération, utilisez-les pour contrôler la température : ouvrez-les pour augmenter la température, fermez-les pour la baisser.

Il est difficile de donner des temps de cuisson très précis lorsqu'on fait cuire un plat au barbecue. Aussi, les temps accompagnant les recettes sont donnés à titre indicatif. Vérifiez toujours que les mets sont cuits avant de servir.

# Poissons & crustacés

Cuit au barbecue, le poisson est délicieux. Ce chapitre regorge d'idées, depuis le simple poisson entier grillé aux papillotes de poisson mariné aux épices en passant par les brochettes. Les poissons gras conviennent particulièrement bien à ce mode de cuisson car la chaleur directe ne dessèche pas la chair. Les poissons blancs gagneront à être marinés s'ils sont cuits directement sur le charbon de bois et les plus petits peuvent être grillés entiers car la peau sert de protection naturelle et évite que le jus ne s'écoule. Faites cuire les pavés de poisson avec une marinade ou un glaçage, directement sur la grille.

Choisissez un poisson ferme. Dans le cas contraire, la chair peut se défaire et tomber dans les braises lorsque vous le retournez. Vous pouvez toutefois vous simplifier la vie en utilisant une grille double à charnières. Un poisson ferme, comme la lotte, est idéal pour les brochettes ; enveloppez les poissons plus délicats dans du papier d'aluminium pour qu'ils cuisent dans leur jus.

Les crustacés cuisent très vite. Inutile de les faire mariner longtemps. Ce sont des ingrédients parfaits pour un barbecue improvisé. Les brochettes de crevettes, par exemple, se préparent et cuisent très rapidement.

# Cabillaud épicé à l'indonésienne

**4 personnes**

## INGRÉDIENTS

4 darnes de cabillaud
1 tige de lemon-grass
1 petit oignon rouge, haché
3 gousses d'ail, hachées
2 piments rouges frais, épépinés
et hachés

1 cuil. à café de gingembre frais,
râpé
1/4 de cuil. à café de curcuma
2 cuil. à soupe de beurre, coupé
en dés
2 cuil. à soupe de jus de citron

8 cuil. à soupe de lait de coco
en boîte
sel et poivre
piments rouges, en garniture
(facultatif)

1 Rincer les darnes de cabillaud et les égoutter sur du papier absorbant.

2 Retirer et jeter les feuilles extérieures du lemon-grass et émincer finement la tige.

3 Mettre le lemon-grass, l'oignon, l'ail, le piment, le gingembre et le curcuma dans un robot de cuisine et hacher finement. Saler et poivrer.

4 Sans arrêter le robot, ajouter le beurre, le lait de coco et le jus de citron et continuer à mixer jusqu'à obtention d'une consistance homogène.

5 Mettre le poisson dans un plat non métallique peu profond. Verser la préparation au lait de coco et en napper le poisson sur ses deux faces.

6 Disposer les darnes de préférence sur une grille double à charnières (il sera plus facile de les retourner). Faire cuire 15 minutes au barbecue sur des braises très chaudes, en retournant une fois, jusqu'à ce que le poisson soit cuit à cœur. Garnir éventuellement de piments rouges et servir.

## CONSEIL

*Pour une saveur plus douce, ne mettez pas de piments. Si, au contraire, vous voulez un plat plus relevé, n'épépinez pas les piments.*

# Poisson aux épices

### 4 personnes

## INGRÉDIENTS

| | | |
|---|---|---|
| 4 filets de poisson blanc | 1 cuil. à café de poivre | 1/4 de cuil. à café de poivre |
| 1 cuil. à soupe de paprika | de Cayenne | de la Jamaïque |
| 1 cuil. à café de thym séché | 1/2 cuil. à café de poivre blanc | 50 g de beurre doux |
| 1 cuil. à café de poivre noir | 1/2 cuil. à café de sel | 3 cuil. à soupe d'huile de tournesol |

1 Rincer les filets de poisson et les égoutter sur du papier absorbant.

2 Mélanger le paprika, le thym, le poivre de Cayenne, le poivre, le sel et le poivre de la Jamaïque dans un plat peu profond.

3 Mettre le beurre et l'huile dans une petite casserole et chauffer en remuant de temps en temps jusqu'à ce que le beurre ait fondu.

4 Enduire généreusement de beurre fondu les deux côtés des filets de poisson.

5 Plonger le poisson dans le mélange d'épices pour bien en recouvrir les deux faces.

6 Faire cuire le poisson sur des braises très chaudes, 10 minutes de chaque côté, en les retournant une fois. Continuer à enduire le poisson de beurre fondu pendant la cuisson.

## CONSEIL

*Pour éviter que le poisson ne dessèche pendant la cuisson, badigeonnez-le de beurre.*

## VARIANTE

*Vous pouvez cuire de cette manière un poisson entier (comme du rouget-barbet) : c'est délicieux ! Utilisez aussi ce mélange d'épices avec des morceaux de poulet.*

# Brochettes de lotte
# au citron

### 4 personnes

## INGRÉDIENTS

450 g de lotte
2 courgettes
1 citron
12 tomates cerises
8 feuilles de laurier

SAUCE
3 cuil. à café d'huile d'olive
2 cuil. à soupe de jus de citron
1 cuil. à café de thym frais haché
sel

1/2 cuil. à café de poivre au citron

ACCOMPAGNEMENT
feuilles de salade verte
pain frais

1 Couper la lotte en cubes de 5 cm de côté. Couper les courgettes en tranches épaisses et le citron en quartiers.

2 Piquer la lotte, les courgettes, le citron, les tomates et les feuilles de laurier sur 4 brochettes.

3 Pour préparer la sauce, mélanger l'huile, le jus de citron, le thym, le poivre au citron et le sel dans un bol.

4 Arroser largement les brochettes avec cette sauce.

5 Faire cuire les brochettes au barbecue 15 minutes sur des braises moyennement chaudes, en les arrosant fréquemment avec la sauce, jusqu'à ce que le poisson soit complètement cuit.

6 Disposer les brochettes sur des assiettes et servir avec des feuilles de salade verte et du pain frais.

## VARIANTE

*Vous pouvez remplacer la lotte par des filets de sole. Comptez deux filets par personne. Retirez la peau et coupez les filets en deux dans le sens de la longueur. Roulez-les et piquez-les sur des brochettes.*

# Brochettes de lotte à la noix de coco et à la coriandre

### 4 personnes

## INGRÉDIENTS

450 g de queue de lotte
225 g de crevettes crues,
   décortiquées
copeaux de noix de coco
   déshydratée, grillés, en
   garniture (facultatif)

MARINADE
1 cuil. à café d'huile de tournesol
1 cuil. à café de gingembre frais,
   râpé
150 ml de lait de noix de coco
   en boîte

2 cuil. à soupe de coriandre
   fraîche, hachée
1/2 petit oignon, finement haché

1 Pour préparer la marinade, chauffer l'huile dans un wok ou une sauteuse et y faire fondre l'oignon et le gingembre 5 minutes, sans les faire dorer.

2 Ajouter le lait de coco et porter à ébullition. Laisser bouillir environ 5 minutes, jusqu'à ce que la sauce soit crémeuse.

3 Retirer du feu et laisser refroidir complètement.

Incorporer la coriandre et verser dans un plat peu profond.

4 Couper le poisson en morceaux et l'incorporer délicatement à la marinade avec les crevettes. Laisser reposer 1 à 4 heures au réfrigérateur.

5 Piquer les morceaux de poisson et les crevettes sur les brochettes et jeter la marinade restante. Cuire au barbecue 5 à 10 minutes,

au-dessus de braises très chaudes, en retournant souvent. Garnir de copeaux de noix de coco grillés.

## VARIANTE

*Choisissez des crevettes crues au rayon surgelés des hypermarchés. Si vous n'en trouvez pas, prenez des crevettes cuites. Il vous suffit de les réchauffer.*

# Steaks de thon grillés

### 4 personnes

## INGRÉDIENTS

| | | |
|---|---|---|
| 4 steaks de thon | 1 cuil. à café de moutarde | GARNITURE |
| 3 cuil. à soupe de sauce de soja | à l'ancienne | persil plat |
| 1 cuil. à soupe de sauce Worcester | 1 cuil. à soupe d'huile de tournesol | quartiers de citron |
| 1 cuil. à café de sucre semoule | salade verte, en accompagnement | |

1 Mettre les steaks de thon dans un plat peu profond.

2 Mélanger la sauce de soja, la sauce Worcester, la moutarde, le sucre et l'huile dans un petit bol. Verser la marinade sur les steaks.

3 Bien imprégner le poisson de marinade en le retournant à la main ou à l'aide d'une fourchette.

4 Couvrir et mettre au réfrigérateur au plus 2 heures.

5 Faire cuire le thon au barbecue pendant 10 à 15 minutes, sur des braises très chaudes, en retournant une fois et en le badigeonnant fréquemment de marinade.

6 Garnir de persil plat et de quartiers de citron. Servir avec une salade verte.

## CONSEIL

*La chair du thon crue, rouge foncé, pâlit à la cuisson. Sa texture rappelle celle de la viande. Si vous ne trouvez pas de thon, prenez des steaks d'espadon.*

## CONSEIL

*Lorsqu'une marinade contient de la sauce de soja, le temps de macération est en principe limitée à 2 heures. S'il marine plus longtemps, le poisson sèche et durcit.*

# Pagre grillé

## 2 personnes

### INGRÉDIENTS

| | | |
|---|---|---|
| 2 petits pagres, écaillés, vidés, parés et nettoyés | SAUCE | GARNITURE |
| 2 rondelles de citron | 4 cuil. à soupe d'huile d'olive | feuilles de laurier fraîches |
| 2 feuilles de laurier | 2 cuil. à soupe de jus de citron | brins de thym frais |
| sel et poivre | 1/2 cuil. à café d'origan frais haché | quartiers de citron |
| | 1/2 cuil. à café de thym frais haché | |

1 Pratiquer 2 à 3 incisions profondes sur le ventre des poissons à l'aide d'un couteau tranchant afin de leur permettre d'absorber pleinement les arômes du glaçage.

2 Mettre une rondelle de citron et une feuille de laurier à l'intérieur de chaque poisson. Saler et poivrer l'intérieur du poisson.

3 Dans un petit bol, mélanger à la fourchette les ingrédients de la sauce, ou les mettre dans un petit bocal fermé et bien agiter.

4 Badigeonner généreusement les poissons avec le glaçage et les disposer sur une grille sur des braises très chaudes. Cuire au barbecue 20 à 30 minutes, en les retournant et en les badigeonnant souvent de sauce.

5 Mettre les poissons dans un plat de service, garnir de feuilles de laurier, de thym et de quartiers de citron. Servir immédiatement.

## VARIANTE

*Vous pouvez remplacer le pagre par de la barbue ou du grondin par exemple.*

## CONSEIL

*Ce plat sera meilleur si vous préparez la sauce avec des ingrédients frais. Vous pouvez utiliser des fines herbes séchées, mais leur saveur étant plus prononcée, réduisez les quantités de moitié.*

# Saumon yakitori

### 4 personnes

## INGRÉDIENTS

SAUCE YAKITORI
5 cuil. à soupe de sauce
de soja claire
2 cuil. à soupe de sucre semoule

5 cuil. à soupe de bouillon
de poisson
5 cuil. à soupe de vin blanc sec
3 cuil. à soupe de xérès doux

1 gousse d'ail, hachée

350 g de filet de saumon épais
8 jeunes poireaux

1 Retirer la peau du saumon et le couper en morceaux de 5 cm. Couper les poireaux en tronçons de 5 cm après en avoir retiré les extrémités.

2 Piquer le saumon et les poireaux, en alternant, sur 8 brochettes en bois. Réserver au réfrigérateur.

3 Pour la sauce, mettre les ingrédients dans une casserole et faire chauffer sans cesser de remuer, jusqu'à ce que le sucre soit dissous. Porter à ébullition, réduire le feu et laisser mijoter 2 minutes. Filtrer la sauce au chinois et laisser refroidir.

4 Verser un tiers de la sauce dans un bol et la réserver pour la servir avec les brochettes.

5 Napper les brochettes avec le reste de la sauce et les disposer sur la grille directement ou sur une feuille de papier d'aluminium huilée. Faire cuire les brochettes au barbecue sur des braises très chaudes 10 minutes en les retournant une fois en cours de cuisson, jusqu'à ce qu'elles soient bien cuites. Pendant la cuisson, badigeonner souvent les brochettes au pinceau avec le reste de sauce, pour éviter que le poisson et les légumes

ne dessèchent. Disposer les brochettes sur un plat et servir avec le reste de la sauce.

## CONSEIL

*Laissez tremper les brochettes en bois dans de l'eau froide 30 minutes pour qu'elles ne brûlent pas à la cuisson. Préparez les ingrédients quelques heures à l'avance et conservez-les au réfrigérateur.*

# *Brochettes de saumon*

### 4 personnes

## INGRÉDIENTS

450 g de saumon, sans la peau, coupé en gros morceaux
1 cuil. à soupe de maïzena
1/2 cuil. à café de sel
1/2 cuil. à café de poivre
1 petit blanc d'œuf, battu
1 poivron rouge, épépiné et coupé en morceaux

1 poivron vert, épépiné et coupé en morceaux
4 cuil. à soupe d'huile d'olive
pain ciabatta ou baguette, en accompagnement

SAUCE TOMATE
8 feuilles de basilic

4 tomates, épépinées et coupées en quatre
1/4 de concombre, épluché, épépiné et haché
6 cuil. à soupe d'huile d'olive
2 cuil. à soupe de jus de citron
sel et poivre

1 Mettre le saumon dans un plat peu profond et saupoudrer de maïzena. Saler et poivrer. Ajouter le blanc d'œuf battu et bien mélanger. Mettre 15 minutes au frais.

2 Piquer les morceaux de saumon et de poivrons rouge et vert, en alternant, sur 4 brochettes. Réserver les brochettes.

3 Pour préparer la sauce, hacher grossièrement tous les ingrédients dans un robot de cuisine ou concasser les tomates, le concombre et les feuilles de basilic à la main et incorporer l'huile, le jus de citron, le sel et le poivre. Mettre au frais.

4 Pour servir, faire cuire les brochettes de saumon 10 minutes au barbecue, sur des braises très chaudes, en les badigeonnant souvent d'huile d'olive pour éviter que le poisson ne dessèche pendant la cuisson.

5 Couper en biais 4 longues tranches de ciabatta. Les faire légèrement griller au barbecue.

6 Tartiner chaque tranche de ciabatta ou de baguette avec la sauce et disposer une brochette dessus.

# Carrelet grillé
# à la japonaise

### 4 personnes

## INGRÉDIENTS

4 petits carrelets
6 cuil. à soupe de sauce de soja
2 cuil. à soupe de saké
   ou de vin blanc sec
2 cuil. à soupe d'huile de sésame

1 cuil. à soupe de jus de citron
2 cuil. à soupe de sucre
   de canne clair
1 cuil. à café de gingembre frais,
   râpé

1 gousse d'ail, hachée

GARNITURE
1 petite carotte
4 oignons verts

1 Rincer les poissons et les égoutter sur du papier absorbant. Pratiquer quelques incisions sur les deux faces de chaque poisson.

2 Mélanger la sauce de soja, le saké ou le vin, l'huile, le jus de citron, le sucre, le gingembre et l'ail dans un grand plat peu profond.

3 Mettre les poissons dans la marinade et bien imprégner les deux faces. Laisser reposer 1 à 6 heures au réfrigérateur.

4 Entre-temps, préparer la garniture. Couper la carotte en julienne, laver et émincer les oignons verts.

5 Cuire les poissons au barbecue 10 minutes environ, sur des braises très chaudes, en les retournant une fois.

6 Parsemer les poissons d'oignons et de carottes et disposer dans un plat de service. Servir.

### VARIANTE

*Vous pouvez remplacer le carrelet par de la sole et la parsemer de graines de sésame à la place des carottes et oignons.*

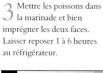

# Brochettes de poisson fumé

**4 personnes**

## INGRÉDIENTS

| | | |
|---|---|---|
| 350 g de filet de haddock | MARINADE | zeste d'un demi-citron jaune |
| 350 g de filet de cabillaud | 4 cuil. à soupe d'huile de tournesol | ou vert, râpé |
| 8 grosses crevettes crues | 1/2 cuil. à café d'aneth séché | sel et poivre |
| 8 feuilles de laurier | 2 cuil. à soupe de jus de citron | |
| aneth frais, en garniture (facultatif) | jaune ou vert | |

1 Retirer la peau des filets de poissons et couper la chair en morceaux de la taille d'une bouchée. Décortiquer les crevettes, en conservant la queue.

2 Pour préparer la marinade, mélanger dans un plat non métallique peu profond l'huile de tournesol, le jus de citron, le zeste de citron râpé, l'aneth séché, le sel et le poivre.

3 Mettre le poisson dans la marinade et bien remuer. Laisser mariner 1 à 4 heures.

4 Piquer le poisson sur 4 brochettes, en alternant les deux types de poisson avec les crevettes et les feuilles de laurier.

5 Couvrir la grille de papier d'aluminium légèrement beurré et y disposer les brochettes.

6 Cuire les brochettes de poisson 5 à 10 minutes au barbecue, sur des braises très chaudes, en les badigeonnant du reste de marinade.

7 Garnir d'aneth frais et servir.

## CONSEIL

*La chair du cabillaud s'émiette facilement : choisissez la partie la plus épaisse afin de pouvoir le couper en gros morceaux. Chemisez la grille de papier d'aluminium : ainsi vous ne perdrez rien si le poisson se défait.*

# Maquereau grillé au barbecue

### 4 personnes

## INGRÉDIENTS

| | | |
|---|---|---|
| 4 maquereaux d'environ 225 g | 2 cuil. à soupe de concentré | 3 cuil. à soupe de sauce Worcester |
| 400 g d'abricots en boîte | de tomates | quelques gouttes de Tabasco |
| 3 cuil. à soupe de sucre brun | 1 cuil. à café de gingembre en | 1 gousse d'ail, hachée (facultatif) |
| 3 cuil. à soupe de sauce de soja | poudre | sel et poivre |

1 Laver et vider les maquereaux, couper éventuellement la tête. Disposer les poissons dans un plat peu profond.

2 Égoutter les abricots et réserver le jus. Hacher grossièrement la moitié des fruits et réserver.

3 Placer les abricots restants dans un robot avec le sucre, la sauce Worcester, la sauce de soja, le concentré de tomates, le gingembre, le Tabasco, l'ail et mixer jusqu'à obtention d'un mélange homogène ou hacher les abricots puis les mélanger

aux autres ingrédients. Saler et poivrer.

4 Napper les poissons de cette sauce, en les retournant pour qu'ils soient bien imprégnés des deux côtés et mettre au réfrigérateur.

5 Placer les poissons sur le barbecue, soit directement sur une grille, soit sur un morceau de papier d'aluminium huilé. Les griller sur des braises chaudes 5 à 7 minutes, en les retournant.

6 Verser la marinade restante dans une casserole. Ajouter

les abricots hachés et la moitié du jus réservé et porter à ébullition. Réduire le feu et laisser mijoter 2 minutes.

7 Disposer les maquereaux sur un plat avec la sauce aux abricots.

## CONSEIL

*Utilisez une grille à charnières, si vous en possédez une, il sera plus facile de retourner le poisson lors de la cuisson.*

# *Maquereau au citron vert et à la coriandre*

### 4 personnes

## INGRÉDIENTS

4 petits maquereaux, truites
   ou sardines
1/4 de cuil. à café de coriandre
   en poudre
1/4 de cuil. à café de cumin
   en poudre

4 brins de coriandre fraîche
3 cuil. à soupe de coriandre
   fraîche, hachée
1 piment rouge, épépiné et haché
zeste râpé et jus d'un citron vert
sel et poivre

2 cuil. à soupe d'huile
   de tournesol
fleurs de piments,
   en garniture (facultatif)
feuilles de salade,
   en accompagnement

1 Pour faire les fleurs de piment (facultatif), inciser la partie allongée d'un petit piment en fines lanières, sans aller jusqu'au bout du côté de la tige. Retirer les graines et mettre dans un bol d'eau glacée jusqu'à ce que les lanières se recourbent.

2 Nettoyer et vider les maquereaux, couper éventuellement la tête. Mettre sur une planche à découper.

3 Saupoudrer le poisson avec les épices, saler et poivrer. Insérer un brin de coriandre dans le ventre de chaque poisson.

4 Mélanger dans un petit bol la coriandre hachée, le piment, le zeste et le jus de citron vert et l'huile. Badigeonner généreusement le poisson de marinade.

5 Mettre le poisson de préférence sur une grille

double à charnières. Faire cuire le poisson au barbecue sur des braises très chaudes, 3 à 4 minutes de chaque côté, en les retournant une fois. Badigeonner fréquemment avec le reste de la marinade.

6 Garnir de rondelles de citron vert et de fleurs de piment, le cas échéant, et accompagner de feuilles de salade.

# Sardines à la mode méditerranéenne

**4 personnes**

## INGRÉDIENTS

| | | |
|---|---|---|
| 8 à 12 sardines fraîches | 4 cuil. à soupe d'huile d'olive | GARNITURE |
| 8 à 12 brins de thym frais | sel et poivre | quartiers de citron |
| 3 cuil. à soupe de jus de citron | | rondelles de tomates |
| | | fines herbes |

1 Nettoyer et vider les sardines.

2 Les écailler en frottant le dos d'un couteau le long du corps, en partant de la tête. Laver les sardines et les égoutter sur du papier absorbant.

3 Insérer un brin de thym frais dans le ventre de chaque sardine. Mettre les sardines dans un grand plat non métallique. Saler et poivrer.

4 Fouetter le jus de citron et l'huile dans un bol et verser sur les sardines.

Laisser mariner au réfrigérateur environ 30 minutes.

5 Retirer les sardines de la marinade et les disposer de préférence sur une grille double à charnières. Faire cuire les sardines au barbecue sur des braises très chaudes, 3 à 4 minutes de chaque côté, en les badigeonnant fréquemment avec le reste de la marinade.

6 Garnir les sardines de quartiers de citron, de rondelles de tomates et de fines herbes, et servir.

## CONSEIL

*Choisissez de petites sardines ou des sprats. Préparez-les et utilisez la même marinade. Recouvrez la grille de papier d'aluminium graissé et faites cuire sur des braises 2 à 3 minutes de chaque côté.*

## VARIANTE

*Vous pouvez enrober les poissons de chapelure et les enduire d'un peu d'huile d'olive. Ils seront alors croustillants.*

# Truite farcie aux noix

## 4 personnes

### INGRÉDIENTS

4 truites de taille moyenne,
   nettoyées
2 cuil. à soupe d'huile de tournesol
1 petit oignon, finement haché
zeste d'une orange, râpé

50 g de fruits à écale, grillés
   et concassés
2 cuil. à soupe de jus d'orange
75 g de chapelure blanche
1 œuf de taille moyenne, battu

huile, pour badigeonner
sel et poivre
rondelles d'orange, en garniture
salade d'orange et de cresson,
   en accompagnement

1 Saler et poivrer l'extérieur et l'intérieur des truites.

2 Pour préparer la farce, chauffer l'huile dans une petite casserole et y faire fondre l'oignon. Retirer la casserole du feu et incorporer les fruits à écale concassés, le zeste d'orange râpé, le jus d'orange et la chapelure. Ajouter une quantité suffisante d'œuf battu pour lier la préparation.

3 Diviser la farce en 4 portions égales et en farcir le ventre de chaque truite.

4 Badigeonner généreusement les truites d'huile et cuire au barbecue sur des braises chaudes, 10 minutes de chaque côté, en les retournant une fois. Le poisson est cuit lorsque sa chair est blanche et ferme et lorsque sa peau commence à durcir.

5 Transférer les poissons sur des assiettes et garnir de rondelles d'orange.

6 Servir le poisson avec une salade d'orange et de cresson assaisonnée d'une vinaigrette à l'orange.

## CONSEIL

*Servez avec une salade d'orange et de cresson. Pour la vinaigrette, mélangez 2 cuillerées à soupe de jus d'orange, 1 cuillerée à soupe de vinaigre de vin blanc, 3 cuillerées d'huile d'olive, 1/2 cuillerée à café de moutarde à l'ancienne, sel et poivre. Arrosez la salade et servez.*

# Harengs grillés au citron

### 4 personnes

## INGRÉDIENTS

| | | |
|---|---|---|
| 4 harengs, nettoyés | 50 g de beurre doux | pain croustillant frais, |
| 4 feuilles de laurier | 2 cuil. à soupe de persil frais, haché | en accompagnement |
| sel | 1/2 cuil. à café de poivre | |
| 1 citron, en rondelles | aromatisé au citron | |

1 Saler et poivrer l'intérieur et l'extérieur des harengs.

2 Insérer une feuille de laurier dans le ventre de chaque poisson.

3 Disposer 4 carrés de papier d'aluminium sur le plan de travail et y répartir les rondelles de citron. Mettre un hareng sur les rondelles de citron.

4 Faire ramollir le beurre et y incorporer le persil et le poivre au citron. Parsemer généreusement les harengs de dés de beurre aromatisé.

5 Refermer le papier d'aluminium sur les harengs et cuire au barbecue sur des braises chaudes 15 à 20 minutes, jusqu'à ce que le poisson soit cuit à cœur : la chair doit être blanche et ferme au toucher (ouvrir les papillotes pour vérifier, puis les refermer).

6 Transférer les papillotes sur des assiettes chaudes.

7 Ouvrir les papillotes juste avant de servir et accompagner de pain frais pour saucer les jus de cuisson délicieusement parfumés.

## VARIANTE

*Pour un plat principal, préférez la truite aux harengs. Faites cuire 20 à 30 minutes jusqu'à ce que la chair soit ferme et opaque.*

# Sardines aux olives et aux tomates

### 4 personnes

## INGRÉDIENTS

12 sardines fraîches, vidées
    et nettoyées
feuilles de basilic frais
4 olivettes
8 olives noires dénoyautées

15 g de beurre
1 cuil. à soupe d'huile d'olive
2 cuil. à soupe de jus de citron
sel et poivre

GARNITURE
olivettes, émincées
olives, émincées
1 brin de basilic frais

1 Saler et poivrer l'extérieur et l'intérieur des sardines. Insérer 1 ou 2 feuilles de basilic dans le ventre de chaque poisson. Pratiquer quelques incisions sur le ventre de chaque sardine à l'aide d'un couteau tranchant.

2 Émincer les tomates et les olives et les mettre dans une terrine. Ciseler finement les 4 feuilles de basilic et les mélanger aux tomates et aux olives.

3 Répartir la préparation aux tomates et aux olives sur 4 grandes feuilles

de papier d'aluminium et poser 3 sardines par portion.

4 Faire chauffer l'huile et le beurre dans une petite casserole. Incorporer le jus de citron et verser la préparation sur les poissons.

5 Enfermer délicatement les poissons dans l'aluminium. Faire cuire les papillotes au barbecue 15 à 20 minutes sur des braises chaudes jusqu'à ce que le poisson soit cuit à cœur.

6 Transférer les poissons sur des assiettes et retirer

le papier d'aluminium. Garnir de rondelles de tomates et d'olives, et d'un brin de basilic frais. Servir immédiatement.

## CONSEIL

*En incisant le poisson, vous lui permettez d'absorber tous les arômes. C'est très important lorsque vous n'avez pas le temps de laisser mariner le poisson.*

# Brochettes de lard et de Saint-Jacques

### 4 brochettes

## INGRÉDIENTS

| | | |
|---|---|---|
| zeste râpé et jus d'un demi-citron | 1/2 cuil. à café d'aneth séché | 1 poivron vert |
| 4 cuil. à soupe d'huile | 12 coquilles Saint-Jacques | 1 poivron jaune |
| de tournesol | 1 poivron rouge | 6 tranches de lard pas trop |
| | | maigre |

1 Mélanger dans un plat non métallique le zeste et le jus de citron, l'huile et l'aneth. Ajouter les coquilles Saint-Jacques et bien les enduire de marinade. Laisser mariner 1 à 2 heures.

2 Couper en deux et épépiner les poivrons rouge, vert et jaune. Couper les moitiés de poivron en morceaux de 2,5 cm. Réserver.

3 Enlever délicatement la couenne du lard. Étirer les tranches de lard avec le dos d'un couteau, puis couper chaque tranche en deux.

4 Sortir les coquilles Saint-Jacques de la marinade et la réserver. Envelopper chaque coquille Saint-Jacques d'un morceau de lard.

5 Piquer les coquilles Saint-Jacques enveloppées de lard sur des brochettes, en alternant avec les morceaux de poivron.

6 Cuire les brochettes de coquilles Saint-Jacques et de poivrons au barbecue 5 minutes environ sur des braises très chaudes, en les badigeonnant plusieurs fois de marinade.

7 Transférer les brochettes sur des assiettes et servir immédiatement.

## VARIANTE

*Décortiquez 4 à 8 crevettes crues et ajoutez-les à la marinade. Piquez-les sur les brochettes en alternant avec les coquilles Saint-Jacques et les poivrons.*

# Harengs farcis à l'orange et à l'estragon

### 4 personnes

## INGRÉDIENTS

1 orange
4 oignons verts
50 g de chapelure blanche
1 cuil. à soupe d'estragon frais, haché

4 harengs, nettoyés et vidés
sel et poivre
salade verte, en accompagnement

GARNITURE
2 oranges
1 cuil. à soupe de sucre roux
1 cuil. à soupe d'huile d'olive
brins d'estragon frais

1 Pour faire la farce, prélever le zeste d'une demi-orange.

2 Peler et hacher la chair de toute l'orange sur une assiette pour en récupérer le jus.

3 Mélanger dans une terrine la chair, le jus et le zeste d'orange, les oignons, la chapelure et l'estragon. Saler et poivrer.

4 Diviser la farce en 4 portions égales

et en farcir le ventre de chaque hareng.

5 Mettre chaque hareng sur un carré de papier d'aluminium légèrement graissé et fermer la papillote. Cuire au barbecue sur des braises très chaudes 20 à 30 minutes, jusqu'à ce que les harengs soient cuits à cœur. La chair doit être blanche et ferme au toucher.

6 Entre-temps, préparer la garniture. Peler et couper 2 oranges

en rondelles épaisses et saupoudrer de sucre. Au moment de les cuire, verser un filet d'huile sur les rondelles d'orange et les réchauffer 5 minutes au barbecue.

7 Disposer les harengs sur des assiettes et garnir avec des rondelles d'oranges cuites et des brins d'estragon frais. Servir avec une salade verte.

# *Crevettes à la mode caraïbe*

### 4 personnes

## INGRÉDIENTS

16 gambas cuites
1 petit ananas
copeaux de noix de coco,
   en garniture (facultatif)

MARINADE
2 cuil. à soupe de vinaigre
   de vin blanc
2 cuil. à soupe de sucre
   de canne brun

2 cuil. à soupe de noix de coco
   déshydratée effilée
150 ml de jus d'ananas

1 Décortiquer les gambas, en conservant éventuellement la queue.

2 Peler et couper l'ananas en deux dans le sens de la hauteur. Couper une moitié d'ananas en quartiers puis en morceaux.

3 Pour la marinade, mélanger dans un plat non métallique peu profond la moitié du jus d'ananas, le vinaigre, le sucre et la noix de coco. Ajouter les gambas et les morceaux d'ananas, et bien mélanger. Laisser mariner au moins 30 minutes.

4 Retirer l'ananas et les gambas de la marinade et les piquer sur des brochettes. Réserver la marinade.

5 Filtrer la marinade et la mettre dans un robot de cuisine. Hacher grossièrement le reste d'ananas et ajouter au robot avec le reste de jus d'ananas. Mixer l'ananas quelques secondes jusqu'à obtention d'une sauce épaisse.

6 Verser la sauce dans une petite casserole. Porter à ébullition et laisser mijoter environ 5 minutes.

7 Mettre les brochettes sur le barbecue et les badigeonner de sauce. Faire cuire environ 5 minutes, jusqu'à ce que les brochettes soient très chaudes. Retourner les brochettes et les badigeonner de temps en temps de sauce. Parsemer éventuellement de copeaux de noix de coco et servir accompagnées de la sauce restante.

# Crevettes aux fines herbes et à l'ail

## 4 personnes

### INGRÉDIENTS

| | | |
|---|---|---|
| 350 g de crevettes crues, décortiquées | 2 cuil. à soupe de persil frais, haché | 65 g de beurre |
| 4 cuil. à soupe de jus de citron | 2 cuil. à soupe d'huile d'olive | 2 gousses d'ail, hachées |
| | | sel et poivre |

1 Mettre les crevettes décortiquées dans un plat non métallique peu profond avec le persil, le jus de citron, le sel et le poivre. Laisser les crevettes mariner au moins 30 minutes.

2 Chauffer l'huile et le beurre dans une petite casserole avec l'ail, jusqu'à ce que le beurre ait fondu. Bien mélanger.

3 Retirer les crevettes de la marinade à l'aide d'une écumoire et les ajouter à la casserole contenant le beurre à l'ail. Remuer pour que les crevettes soient bien imprégnées de beurre à l'ail puis les piquer sur des brochettes.

4 Faire cuire les brochettes au barbecue sur des braises très chaudes 5 à 10 minutes, en les retournant de temps en temps, jusqu'à ce que les crevettes soient roses et cuites à cœur. Pendant la cuisson, badigeonner les crevettes avec le reste de beurre à l'ail.

5 Disposer les brochettes de crevettes sur des assiettes. Les arroser du reste de beurre à l'ail et servir immédiatement.

## VARIANTE

*Si vous ne trouvez pas de crevettes crues, utilisez des crevettes cuites, en réduisant le temps de cuisson. Vous pouvez aussi préparer les petites crevettes cuites en papillote : laissez mariner les crevettes dans le beurre à l'ail, en les remuant, enveloppez-les dans du papier d'aluminium et faites-les cuire 5 minutes, en secouant les papillotes une ou deux fois.*

# Volailles

*Il existe de nombreuses manières d'accommoder la volaille
pour la faire cuire au barbecue. Associez-la à des fines
herbes et à de l'ail, à une sauce tomate épicée ou à des
épices orientales. Elle se marie aussi très bien aux glaçages
sucrés et aux fruits.*

*Le poulet est une viande idéale ; sa chair, protégée par
la peau devenue croustillante, conserve tout son goût.
Attention, quelle que soit la volaille choisie, elle doit être
parfaitement cuite. Pour vérifier, piquer une brochette dans
la partie la plus charnue. Le jus qui s'écoule doit être clair.
Pour éviter que la peau ne brûle, faites cuire la viande sur
des braises chaudes mais non ardentes. Placez la grille
10 cm au-dessus des braises. La température est bonne
lorsque vous pouvez laisser votre main 5 secondes
au-dessus. Pour baisser la température, relevez la grille
ou étalez les braises. Veillez cependant à ce qu'elles soient
suffisamment chaudes ; dans le cas contraire, la durée
de cuisson sera trop longue et le poulet desséchera.*

*La chair de la dinde est plus sèche, aussi badigeonnez-la
fréquemment de sauce ou de marinade. Le canard a une
saveur plus prononcée et est plus gras que le poulet ou la
dinde. Vous pouvez précuire les morceaux les plus gros
dans l'eau bouillante et achever la cuisson au barbecue.*

# Poulet jerk de la Jamaïque

**4 personnes**

## INGRÉDIENTS

4 morceaux de poulet
1 botte d'oignons verts, parés
1 ou 2 piments, épépinés
1 gousse d'ail
1 morceau de gingembre frais de
    5 cm, épluché et haché

1/2 cuil. à café de thym séché
1/2 cuil. à café de paprika
1/4 de cuil. à café de poivre
    de la Jamaïque en poudre
1 pincée de clous de girofle
    en poudre

1 pincée de cannelle en poudre
4 cuil. à soupe de vinaigre
    de vin blanc
3 cuil. à soupe de sauce de soja
poivre

1 Rincer les morceaux de poulet, les égoutter avec du papier absorbant et les mettre dans un plat peu profond.

2 Mélanger les oignons, les piments, l'ail, le gingembre, le thym, le paprika, le poivre de la Jamaïque, la cannelle, les clous de girofle, le vinaigre de vin, la sauce de soja et le poivre dans un robot de cuisine et moudre jusqu'à obtention d'une consistance homogène.

3 Verser la préparation épicée sur le poulet et bien mélanger. Mettre ensuite au réfrigérateur et laisser mariner au plus 24 heures.

4 Retirer le poulet de la marinade et le faire cuire environ 30 minutes au barbecue, sur des braises chaudes. Retourner et badigeonner de temps en temps les morceaux avec la marinade, jusqu'à ce que la viande soit cuite à cœur.

5 Disposer les morceaux de poulet sur des assiettes et servir immédiatement.

## CONSEIL

*La viande « jerk » est une spécialité de la cuisine jamaïcaine. La préparation épicée décrite ici peut également accommoder du porc ou même du poisson. Vous pouvez servir ces plats avec du riz et des haricots rouges.*

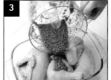

# Poulet grillé

**4 personnes**

## INGRÉDIENTS

8 ailes de poulet ou 1 poulet,
découpé en 8 morceaux

3 cuil. à soupe de concentré
de tomates

3 cuil. à soupe de chutney
aux fruits

1 cuil. à soupe de vinaigre
de vin blanc

1 cuil. à soupe de miel liquide

1 cuil. à soupe d'huile d'olive

1 gousse d'ail, hachée (facultatif)

salade, en accompagnement

1 Retirer la peau du poulet pour diminuer la teneur en matière grasse du plat.

2 Pour préparer la marinade, mettre dans un petit bol le concentré de tomates, le chutney aux fruits, le vinaigre de vin blanc, le miel, l'huile et l'ail. Mélanger tous les ingrédients jusqu'à obtention d'une consistance homogène.

3 Badigeonner le poulet avec la préparation et cuire 15 à 20 minutes au barbecue sur des braises très chaudes. Retourner de temps en temps les morceaux de poulet et les badigeonner fréquemment avec la marinade. Si le poulet commence à noircir avant d'être cuit, relever la grille ou déplacer les morceaux de poulet vers une partie moins chaude de la grille pour ralentir la cuisson.

4 Disposer les morceaux de poulet sur des assiettes chaudes et servir avec des feuilles de salades.

## VARIANTE

*Cette marinade sera aussi délicieuse avec des côtes de porc.*

## CONSEIL

*Lorsque l'on cuit la volaille sur un barbecue très chaud, la chaleur la saisit et enferme immédiatement le jus. La viande est ainsi succulente. Vous devez veiller à ce que les braises soient suffisamment chaudes avant de mettre la volaille à cuire.*

**1**

**2**

**3**

# Pilons de poulet à l'orange

### 10 personnes

## INGRÉDIENTS

10 pilons de poulet
4 cuil. à soupe de marmelade
   d'oranges à texture fine
sel et poivre

1 cuil. à soupe de sauce
   Worcester
zeste râpé et jus d'une
   demi-orange

ACCOMPAGNEMENT
tomates cerises
feuilles de salade

1 À l'aide d'un couteau tranchant, pratiquer 2 ou 3 incisions sur chaque pilon.

2 Porter une grande casserole d'eau à ébullition et y plonger les pilons. Couvrir la casserole, porter à nouveau à ébullition et laisser cuire 5 à 10 minutes. Sortir le poulet et l'égoutter soigneusement.

3 Entre-temps, préparer la marinade. Mettre dans une petite casserole la marmelade d'oranges, la sauce Worcester, le zeste et le jus d'orange, le sel et le poivre.

4 Chauffer à feu doux, sans cesser de remuer, jusqu'à ce que la marmelade fonde et que tous les ingrédients soient bien mélangés.

5 Badigeonner les pilons de poulet précuits avec la marinade avant de terminer la cuisson au barbecue. Faire cuire environ 10 minutes, sur des braises très chaudes. Retourner et badigeonner fréquemment les morceaux avec le reste de la marinade.

6 Piquer délicatement 3 tomates cerises par brochette et mettre 1 à 2 minutes sur le barbecue.

7 Disposer les pilons dans des assiettes. Servir avec les brochettes de tomates cerises et des feuilles de salades.

## CONSEIL

*Précuire le poulet à l'eau bouillante est idéale pour assurer une bonne cuisson de la viande : elle ne sera ainsi ni trop cuite ni brûlée à l'extérieur.*

# Poulet tikka

### 6 brochettes

## INGRÉDIENTS

4 blancs de poulet, sans peau
1/2 cuil. à café de sel
4 cuil. à soupe de jus de citron
jaune ou vert

MARINADE
1 morceau de gingembre frais
de 2,5 cm, épluché et râpé

2 gousses d'ail, hachées
1 cuil. à café de cumin en poudre
1 cuil. à café de poudre de piment
1/2 cuil. à café de coriandre
en poudre
1/2 cuil. à café de curcuma
en poudre
150 ml de yaourt nature

huile ou beurre fondu,
pour badigeonner

SAUCE
150 ml de yaourt nature
1 cuil. à café de sauce à la menthe

1 Couper le poulet en cubes de 2,5 cm. Saler, arroser de jus de citron et laisser reposer environ 10 minutes.

2 Pour préparer la marinade, mélanger dans un petit bol le yaourt, l'ail, le gingembre et les épices en poudre jusqu'à obtention d'une consistance homogène.

3 Piquer les cubes de poulet sur des brochettes et les badigeonner avec la marinade. Couvrir et laisser mariner au moins 2 heures au réfrigérateur, ou une nuit si c'est possible.

4 Faire cuire les brochettes de poulet 15 minutes environ au barbecue, sur des braises très chaudes. Les retourner et les badigeonner fréquemment d'huile ou de beurre.

5 Entre-temps, mélanger le yaourt et la menthe. Servir les brochettes de poulet accompagnées de cette sauce.

## VARIANTE

*Vous pouvez remplacer les cubes de poulet par des morceaux, des pilons par exemple. Faites cuire 30 à 40 minutes au barbecue, sur des braises très chaudes, jusqu'à ce que le jus qui s'écoule du poulet, soit clair.*

# Poulet grillé indien

### 4 personnes

## INGRÉDIENTS

4 blancs de poulet, sans peau

2 cuil. à soupe de pâte de curry

1 cuil. à soupe d'huile de tournesol

1/2 cuil. à café de cumin
en poudre

1 cuil. à café de gingembre
en poudre

1 cuil. à soupe de sucre de canne
brun

ACCOMPAGNEMENT

pain naan (pain indien)

feuilles de salades

RAITA AU CONCOMBRE

1/4 de concombre

sel

150 ml de yaourt nature

1/4 de cuil. à café de poudre
de piment

1 Mettre les blancs de poulet entre deux feuilles de papier sulfurisé ou de film alimentaire. Les aplatir avec le côté plat d'un maillet de boucher ou un rouleau à pâtisserie.

2 Mélanger dans un petit bol la pâte de curry, l'huile, le sucre, le gingembre et le cumin. Étaler la préparation sur les deux faces des blancs et réserver.

3 Pour préparer le raita, éplucher le concombre et enlever les graines à l'aide d'une cuillère. Râper la chair du concombre, saupoudrer de sel, mettre dans une passoire et laisser dégorger 10 minutes. Rincer le concombre pour enlever le sel et en extraire l'eau en pressant avec la base d'un verre ou le dos d'une cuillère.

4 Mélanger le concombre avec le yaourt et incorporer la poudre de piment. Réserver au réfrigérateur.

5 Disposer le poulet sur une grille huilée et faire cuire 10 minutes au barbecue, sur des braises très chaudes, en retournant les morceaux une fois.

6 Réchauffer le naan sur le bord du barbecue. Servir le poulet avec le naan, le raita et des feuilles de salades.

## CONSEIL

*Les blancs de poulet ainsi aplatis cuisent plus vite.*

# Poulet aux épices cajun

### 4 personnes

## INGRÉDIENTS

| | | |
|---|---|---|
| 4 morceaux de poulet | 2 cuil. à café de poivre | 1 cuil. à café de thym séché |
| 1 gousse d'ail | de Cayenne | 4 cuil. à soupe d'huile de tournesol |
| 1 cuil. à soupe de sucre de canne | 1 cuil. à café d'origan en poudre | 2 cuil. à soupe de jus de citron |
| 3 cuil. à soupe de paprika | 1 cuil. à café de sauge séchée | sel et poivre |

1 Retirer la peau du poulet pour diminuer la teneur en graisse du plat. À l'aide d'un couteau tranchant pratiquer 2 ou 3 incisions dans la chair du poulet.

2 Couper la gousse d'ail en deux et frotter le poulet avec la face coupée. Saler et poivrer le poulet.

3 Mélanger dans un petit bol le sucre, les épices et les herbes séchées. Parsemer le poulet de la préparation en la faisant pénétrer dans la peau. Couvrir et laisser reposer au moins 2 heures.

4 Mélanger l'huile et le jus de citron dans un petit bol. En badigeonner largement le poulet.

5 Faire cuire le poulet environ 30 minutes au barbecue, sur des braises très chaudes. Retourner et badigeonner fréquemment les morceaux de la préparation à l'huile et au citron.

6 Vérifier la cuisson du poulet en piquant une brochette dans sa partie la plus charnue : il est cuit lorsque le jus qui s'écoule est clair. Si nécessaire, remettre un peu le poulet sur le barbecue.

7 Disposer les morceaux de poulet dans des assiettes chaudes et servir immédiatement.

## VARIANTE

*Cette recette convient également au porc. Procédez de la même manière avec des côtes ou des tranches de porc.*

# Coquelet en crapaudine à l'ail et aux fines herbes

### 2 personnes

## INGRÉDIENTS

2 coquelets de 450 g
75 g de beurre
2 gousses d'ail, hachées
2 cuil. à soupe de fines herbes
    mélangées fraîches hachées

MARINADE
4 cuil. à soupe d'huile d'olive
2 cuil. à soupe de jus de citron

2 cuil. à soupe de fines herbes
    mélangées hachées
sel et poivre

1 Pour préparer un coquelet en crapaudine, le poser à plat et découper de part et d'autre de la colonne vertébrale à l'aide de ciseaux à volaille ou de ciseaux pointus. Ouvrir l'animal le plus possible et le poser, poitrine vers le haut, sur une planche à découper. Appuyer fermement sur la poitrine pour briser le bréchet.

2 Bien mélanger le beurre, l'ail et les fines herbes. Soulever la peau du blanc de chaque coquelet. Répartir également le beurre sur les deux coquelets et l'étaler sur le blanc, sous la peau.

3 Ouvrir les coquelets. Les maintenir à plat à l'aide de 2 brochettes piquées en biais.

4 Mélanger les ingrédients de la marinade dans un bol.

5 Mettre les coquelets, os vers le bas, sur des braises chaudes, et faire cuire 25 minutes au barbecue, en les badigeonnant de marinade au citron et aux herbes. Retourner les volailles et faire cuire 15 minutes au barbecue, peau vers le bas, en les badigeonnant souvent.

## CONSEIL

*Utilisez des fines herbes fraîches : thym, romarin, menthe, origan, persil ou coriandre conviennent tous.*

# Poulet au sirop d'érable

## 2 personnes

### INGRÉDIENTS

2 cuisses de poulet, désossées

5 cuil. à soupe de sirop d'érable

1 cuil. à soupe de sucre semoule
  (très fin)

zeste râpé et jus d'une
  demi-orange

2 cuil. à soupe de ketchup

2 cuil. à café de sauce Worcester

GARNITURE

rondelles d'orange

brins de persil plat

ACCOMPAGNEMENT

focaccia

feuilles de salade

tomates cerises, coupées
  en quatre

1 À l'aide d'un couteau tranchant, pratiquer 2 ou 3 incisions dans la chair du poulet. Mettre le poulet dans un plat non métallique peu profond.

2 Pour préparer la marinade, mélanger le sirop d'érable, le sucre, le jus et le zeste d'orange, le ketchup et la sauce Worcester.

3 Verser la marinade sur le poulet et bien remuer. Couvrir et réserver au réfrigérateur.

4 Retirer le poulet de la marinade en réservant celle-ci pour la cuisson.

5 Disposer le poulet sur le barbecue et faire cuire 20 minutes, sur des braises très chaudes. Le retourner et le badigeonner de temps en temps avec la marinade.

6 Transférer le poulet dans des assiettes et garnir des rondelles d'oranges cuites et d'un brin de persil plat. Servir avec de la focaccia, des feuilles de salade et des tomates cerises.

## CONSEIL

*Si vous êtes pressé, ne faites pas mariner le poulet. Si vous utilisez la cuisse entière (haut et pilon), faites précuire 10 minutes à l'eau bouillante avant de les badigeonner de marinade et de les cuire au barbecue.*

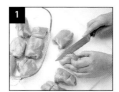

# Brochettes de poulet au citron et à la coriandre

### 4 personnes

**INGRÉDIENTS**

| | | |
|---|---|---|
| 4 blancs de poulet, sans peau | 1 citron | huile, pour badigeonner |
| 1 cuil. à café de coriandre en poudre | 2 cuil. à soupe de coriandre fraîche hachée | sel et poivre |
| 300 ml de yaourt nature | 2 cuil. à café de jus de citron | |

1 Couper le poulet en cubes de 2,5 cm et les mettre dans un plat non métallique peu profond.

2 Ajouter au poulet la coriandre, le jus de citron, le sel et le poivre et 4 cuillerées à soupe de yaourt, et bien mélanger. Couvrir et laisser mariner au moins 2 heures, et une nuit si possible.

3 Pour préparer le yaourt au citron, peler et hacher finement le citron en éliminant les pépins.

Incorporer le citron dans le yaourt avec la coriandre fraîche. Laisser reposer au réfrigérateur.

4 Piquer les morceaux de poulet sur des brochettes. Graisser la grille et faire cuire environ 15 minutes au barbecue, sur des braises chaudes, en badigeonnant les brochettes d'huile.

5 Disposer les brochettes dans des assiettes chaudes et garnir de coriandre, de quartiers de citron et de salade. Servir avec le yaourt.

## VARIANTE

*Servies sur un lit d'épinards blanchis, salés, poivrés et assaisonnés de noix muscade, ces brochettes seront délicieuses.*

## CONSEIL

*Préparez le poulet la veille pour qu'il ait le temps de mariner une nuit.*

# *Satay de poulet*

### 4 personnes

## INGRÉDIENTS

| | | |
|---|---|---|
| 2 blancs de poulet, sans peau | 2 gousses d'ail, hachées | 1 petit oignon, finement haché |
| | 1 cuil. à soupe de sucre semoule | 1 cuil. à soupe de noix de coco |
| MARINADE | 1 cuil. à soupe de sauce de soja | 1/2 cuil. à café de coriandre |
| 4 cuil. à soupe d'huile de tournesol | 1 piment rouge ou vert, épépiné | en poudre |
| 3 cuil. à soupe de coriandre fraîche | sel et poivre | 1/2 cuil. à café de cumin |
| hachée | | en poudre |
| 1/2 cuil. à café de cumin | SAUCE | 8 cuil. à soupe de beurre |
| en poudre | 2 cuil. à soupe d'huile de tournesol | de cacahuètes |
| 1/2 cuil. à café de coriandre | 1 piment rouge ou vert, épépiné | 8 cuil. à soupe de bouillon |
| en poudre | et haché | de volaille ou d'eau |

1 Préparer 8 brochettes en bois. Pour éviter qu'elles ne brûlent au contact de la grille brûlante, les faire tremper 30 minutes au moins dans un grand plat peu profond rempli d'eau froide.

2 Couper le poulet en 8 longues lanières, les piquer en accordéon sur les brochettes. Réserver pendant la préparation de la marinade.

3 Mélanger les ingrédients de la marinade dans un robot de cuisine et travailler jusqu'à obtention d'une consistance homogène.

4 Enduire le poulet de la pâte obtenue, couvrir et laisser reposer au réfrigérateur au moins 2 heures.

5 Pour préparer la sauce, chauffer l'huile dans une petite casserole et y faire

fondre l'oignon et le piment, sans les faire dorer. Incorporer les épices et cuire 1 minute. Ajouter les autres ingrédients de la sauce et cuire 5 minutes à feu doux. Tenir au chaud.

6 Cuire les brochettes environ 10 minutes au barbecue sur des braises très chaudes, en les badigeonnant avec le reste de la marinade. Servir immédiatement avec la sauce chaude.

# Brochettes de poulet à la thaïlandaise

**4 personnes**

## INGRÉDIENTS

4 blancs de poulet, sans peau
1 oignon, épluché et coupé
    en quartiers
1 gros poivron jaune, épépiné
2 cuil. à soupe d'huile
    de tournesol

12 feuilles de lime kafir
2 cuil. à soupe de jus
    de citron vert
demi-tomates,
    en accompagnement
1 gros poivron rouge, épépiné

MARINADE

1 cuil. à soupe de pâte de curry
    rouge thaï
150 ml de lait de coco en boîte

1 Pour préparer la marinade, mettre la pâte de curry rouge dans une petite casserole à feu moyen et cuire 1 minute. Ajouter la moitié du lait de coco et porter à ébullition. Laisser bouillir à petits bouillons 2 à 3 minutes, jusqu'à ce que le liquide ait réduit environ des deux tiers.

2 Retirer la casserole du feu et ajouter le reste de lait de coco. Laisser refroidir.

3 Couper le poulet en cubes de 2,5 cm.

4 Couper l'oignon en quartiers et les poivrons en morceaux de 2,5 cm.

5 Retirer les morceaux de poulet de la marinade et les piquer sur des brochettes, en alternant avec les légumes et les feuilles de lime.

6 Mélanger l'huile et le jus de citron vert dans

Incorporer la viande à la marinade froide, couvrir et laisser reposer au réfrigérateur au moins 2 heures.

un petit bol et badigeonner les brochettes de la préparation obtenue. Cuire les brochettes 10 à 15 minutes au barbecue sur des braises chaudes. Les retourner et les badigeonner de marinade. Faire cuire des demi-tomates au barbecue et servir avec les brochettes de poulet.

# *Brochettes de poulet au sésame, sauce aux airelles*

## 8 brochettes

### INGRÉDIENTS

4 blancs de poulet, sans peau

4 cuil. à soupe de vin blanc sec

1 cuil. à soupe de sucre de canne blond

2 cuil. à soupe d'huile de tournesol

100 g de graines de sésame

sel et poivre

ACCOMPAGNEMENT

pommes de terre nouvelles cuites

feuilles de salades

SAUCE

175 g d'airelles

150 ml de jus d'airelle

2 cuil. à soupe de sucre de canne blond

1 Couper le poulet en cubes de 2,5 cm. Mettre le vin, le sucre, l'huile, le sel et le poivre dans une terrine et bien mélanger. Ajouter les morceaux de poulet et bien mélanger. Laisser mariner au moins 30 minutes, en retournant le poulet de temps en temps.

2 Mettre les ingrédients de la sauce dans une petite casserole et porter doucement à ébullition, sans cesser de remuer. Laisser mijoter 5 à 10 minutes jusqu'à ce que les airelles soient tendres et pulpeuses. Goûter et ajouter du sucre si nécessaire. Tenir au chaud ou laisser refroidir.

3 Retirer les morceaux de poulet de la marinade à l'aide d'une écumoire. Les piquer sur 8 brochettes, en les espaçant légèrement pour une cuisson uniforme.

4 Faire cuire 4 à 5 minutes de chaque côté sur une grille huilée, sur des braises très chaudes. Badigeonner plusieurs fois avec la marinade.

5 Enlever les brochettes de poulet de la grille et les rouler dans les graines de sésame. Les remettre 1 minute environ de chaque côté sur le barbecue, jusqu'à ce que les graines de sésame soient grillées. Servir avec la sauce aux airelles, les pommes de terre nouvelles et les feuilles de salade.

# Brochettes de poulet, sauce au poivron rouge

### 4 personnes

## INGRÉDIENTS

3 blancs de poulet, sans peau
6 cuil. à soupe d'huile d'olive
4 cuil. à soupe de jus de citron
1/2 petit oignon, râpé
1 cuil. à soupe de sauge fraîche,
  hachée
6 cuil. à soupe d'eau bouillante
2 poivrons verts, épépinés

8 cuil. à soupe de farce
  lyophilisée à la sauge
  et aux oignons

SAUCE
1 cuil. à soupe d'huile d'olive
1 poivron rouge, épépiné
  et émincé finement

1 petit oignon, finement haché
1 pincée de sucre
200 g de tomates concassées
  en boîte

1 Couper le poulet en cubes réguliers. Les mettre dans un sac plastique avec l'huile, le jus de citron, l'oignon râpé et la sauge, fermer et secouer. Laisser mariner 30 minutes, en secouant de temps en temps. Mettre la farce de sauge et d'oignon dans un bol, ajouter l'eau bouillante et mélanger.

2 Couper chaque poivron en 6 larges lanières.

Les blanchir 3 à 4 minutes à l'eau bouillante. Égoutter et rafraîchir sous l'eau froide. Égoutter à nouveau.

3 Former 6 boulettes avec la farce à l'oignon et entourer chacune d'elles avec une lanière de poivron pour former un rouleau. Piquer 3 rouleaux par brochettes en les alternant avec les morceaux de poulet. Mettre les brochettes au frais.

4 Pour préparer la sauce, chauffer l'huile dans une petite casserole et y faire rissoler 5 minutes le poivron et l'oignon. Ajouter le sucre et les tomates et laisser mijoter 5 minutes. Réserver au chaud.

5 Faire cuire 15 minutes les brochettes au barbecue sur une grille huilée, sur des braises très chaudes, en les badigeonnant souvent. Servir avec la sauce.

# *Brochettes de poulet Maryland*

### 4 brochettes

## INGRÉDIENTS

| | | |
|---|---|---|
| 8 cuisses de poulet, sans peau et désossées | 1 cuil. à soupe de sirop de sucre de canne ou de miel | 2 bananes sel et poivre |
| 1 cuil. à soupe de vinaigre de vin blanc | 6 cuil. à soupe d'huile d'olive | |
| 1 cuil. à soupe de jus de citron, un peu plus pour badigeonner | 1 gousse d'ail, hachée | ACCOMPAGNEMENT |
| | 4 tranches de lard fumé, pas trop maigre, découenné | 4 épis de maïs cuits (*voir* page 198) chutney à la mangue |

1 Couper le poulet en morceaux de la taille d'une bouchée. Mélanger dans une terrine le vinaigre, le jus de citron, le sirop de sucre ou le miel, l'huile, l'ail, le sel et le poivre. Ajouter le poulet et bien remuer pour l'enrober de marinade. Couvrir et laisser mariner 1 à 2 heures.

2 Étirer les tranches de lard avec le dos d'un couteau, puis couper chaque tranche en deux. Couper les bananes en morceaux de 2,5 cm et les badigeonner de jus de citron pour éviter qu'elles ne noircissent.

3 Envelopper chaque morceau de banane de lard.

4 Retirer le poulet de la marinade, en réservant celle-ci pour la cuisson. Piquer les morceaux de poulet en alternance avec les rouleaux de lard et de bananes sur des brochettes.

5 Faire cuire les brochettes 8 à 10 minutes au barbecue sur des braises chaudes, jusqu'à ce que le poulet soit cuit à cœur. Badigeonner les brochettes de marinade et les retourner fréquemment. Servir avec les épis de maïs et le chutney à la mangue.

### VARIANTE

*Pour un poulet Maryland rapide, ne faites pas mariner la viande et placez le poulet 20 minutes sur des braises très chaudes, en le badigeonnant de marinade.*

# Blancs de dinde aux groseilles

### 4 personnes

## INGRÉDIENTS

| | | |
|---|---|---|
| 100 g de gelée de groseilles | 1/4 de cuil. à café de gingembre | ACCOMPAGNEMENT |
| 2 cuil. à soupe de jus | en poudre | mesclun |
| de citron vert | 1 pincée de noix muscade râpée | vinaigrette |
| 4 cuil. à soupe d'huile d'olive | 4 blancs de dinde | 1 ciabatta |
| 2 cuil. à soupe de vin blanc sec | sel et poivre | tomates cerises |

1 Mettre la gelée de groseilles et le jus de citron vert dans une petite casserole et chauffer à feu doux, sans cesser de remuer, jusqu'à ce que la gelée ait fondu. Incorporer l'huile, le vin, le gingembre et la noix muscade.

2 Mettre les blancs de dinde dans un grand plat non métallique. Saler et poivrer. Arroser de la sauce aux groseilles, en retournant la viande pour bien l'enrober. Couvrir et laisser mariner une nuit au réfrigérateur.

3 Retirer la dinde de la marinade, en réservant celle-ci, et faire cuire au barbecue 4 minutes de chaque côté sur une grille huilée, sur des braises très chaudes. Badigeonner fréquemment les blancs avec la marinade réservée.

4 Mélanger le mesclun et la vinaigrette. Couper la ciabatta en deux dans le sens de la longueur et faire dorer, face coupée au-dessous, sur le bord du barbecue.

5 Couper chaque tranche de pain en quatre. Servir la dinde entre deux tranches de pain et garnie de quelques feuilles de salade.

## VARIANTE

*Les escalopes de dinde ou de poulet sont idéales à faire cuire au barbecue. Fines, elles cuisent vite sans brûler. Laissez-les une nuit dans la marinade de votre choix ou faites-les cuire en les badigeonnant d'un mélange de jus de citron et d'huile salé et poivré.*

# Roulé de dinde grillé au fromage

### 4 personnes

## INGRÉDIENTS

4 blancs de dinde de 225 g environ

4 morceaux de fromage gras (type mozzarella, brie ou camembert), de 15 g chacun

4 feuilles de sauge, ou 1/2 cuil. à café de sauge séchée

8 tranches de lard, pas trop maigre, découenné

4 cuil. à soupe d'huile d'olive

2 cuil. à soupe de jus de citron

sel et poivre

ACCOMPAGNEMENT
pain à l'ail
feuilles de salade
tomates cerises

1 À l'aide d'un couteau tranchant, inciser délicatement le côté épais de chaque blanc de dinde pour former une poche. Ouvrir légèrement les blancs et saler et poivrer l'intérieur.

2 Mettre une portion de fromage dans chaque poche, l'étaler un peu au couteau. Ajouter une feuille de sauge ou, au choix, parsemer le fromage d'un peu de sauge séchée.

3 Étirer les tranches de lard avec le dos d'un couteau. Envelopper chaque blanc de dinde avec 2 morceaux de lard, de manière à fermer complètement l'ouverture. Utiliser au besoin une pique à cocktail pour maintenir la dinde et le lard.

4 Mélanger l'huile et le jus de citron dans un bol.

5 Faire cuire les blancs de dinde environ

10 minutes au barbecue, sur des braises chaudes. Badigeonner fréquemment les roulés avec le mélange d'huile et de citron.

6 Faire légèrement griller le pain à l'ail sur le bord du barbecue.

7 Disposer les roulés de dinde dans des assiettes chaudes. Servir avec du pain à l'ail, des feuilles de salade et quelques tomates cerises.

# Brochettes épicées de dinde et de chorizo

**8 brochettes**

## INGRÉDIENTS

blanc de dinde, environ 350 g
300 g de chorizo
1 pomme à couteau
1 cuil. à soupe de jus de citron
8 feuilles de laurier

MARINADE
6 cuil. à soupe d'huile d'olive
2 gousses d'ail, hachées

1 piment rouge, épépiné et haché
sel et poivre

1 Pour préparer la marinade, mettre dans un petit bocal avec couvercle l'huile, l'ail, le piment, le sel et le poivre. Agiter pour bien mélanger. Laisser reposer 1 heure pour que l'ail et le piment parfument l'huile.

2 Couper la dinde en cubes de 2,5 cm. Couper le chorizo en tronçons de 2,5 cm.

3 Couper la pomme en cubes et enlever le trognon. Arroser les cubes de pomme avec le jus de citron pour éviter qu'ils ne noircissent.

4 Piquer les morceaux de dinde et de chorizo sur 8 brochettes, en alternant avec les morceaux de pomme et les feuilles de laurier.

5 Faire cuire les brochettes environ 15 minutes au barbecue, sur des braises très chaudes, jusqu'à ce que la dinde soit cuite. Retourner et badigeonner souvent d'huile aromatisée.

6 Disposer les brochettes dans des assiettes chaudes et servir immédiatement.

## CONSEIL

*L'huile aromatisée utilisée ici peut servir à badigeonner n'importe quelle viande, poisson ou légume grillés. Elle rehausse les aliments nature d'une subtile saveur pimentée et se conserve jusqu'à 2 semaines au réfrigérateur.*

# *Brochettes de foies de volaille au xérès*

**4 personnes**

## INGRÉDIENTS

400 g de foies de volaille,
parés et lavés

3 tranches de lard, pas trop
maigre, découenné

1 ciabatta ou 1 baguette

225 g de jeunes épinards, lavés

MARINADE

150 ml de xérès sec

4 cuil. à soupe d'huile d'olive

1 cuil. à café de moutarde
à l'ancienne

sel et poivre

MAYONNAISE À L'ANCIENNE

8 cuil. à soupe de mayonnaise

1 cuil. à café de moutarde
à l'ancienne

1 Couper les foies de volaille en morceaux de 5 cm. Pour préparer la marinade, mélanger le xérès, l'huile, la moutarde, le sel et le poivre dans un plat peu profond. Ajouter les foies et bien remuer. Laisser mariner 3 à 4 heures.

2 Pour préparer la mayonnaise à l'ancienne, incorporer la moutarde à la mayonnaise et laisser reposer au frais.

3 Étirer le lard avec le dos d'un couteau et découper chaque tranche en deux. Retirer les foies de la marinade, en réservant celle-ci pour la cuisson. Envelopper de lard la moitié des foies. Piquer les rouleaux de lard et de foie sur des brochettes en bois préalablement trempées, en alternant avec les morceaux de foie restants.

4 Faire cuire les brochettes 10 à 12 minutes au barbecue sur des braises très chaudes. Les retourner et les badigeonner fréquemment avec la marinade réservée.

5 Entre-temps, couper le pain en quatre et faire dorer sur le bord du barbecue.

6 Garnir le pain grillé de feuilles d'épinards et disposer les brochettes sur le pain. Napper de mayonnaise et servir immédiatement.

# Brochettes de caneton aux agrumes

12 brochettes

## INGRÉDIENTS

3 filets de caneton, sans peau
et coupés en cubes

1 petit oignon rouge, coupé
en quartiers

1 petite aubergine, coupée en dés

quartiers de citron et citron vert,
en garniture (facultatif)

MARINADE

zeste et jus d'un citron

zeste et jus d'un citron vert

zeste et jus d'une orange

1 gousse d'ail, hachée

1 cuil. à café d'origan séché

2 cuil. à soupe d'huile d'olive

quelques gouttes de Tabasco

1 Couper le caneton en cubes. Les placer dans une terrine non métallique avec l'oignon rouge et l'aubergine parés.

2 Pour préparer la marinade, verser dans un bocal muni d'un couvercle, les zestes et les jus de citron, citron vert et orange, ainsi que l'ail, l'origan, l'huile et le Tabasco. Bien mélanger.

3 Verser la marinade sur le caneton et les légumes et remuer pour bien les enrober. Laisser reposer 30 minutes.

4 Retirer le caneton et les légumes et les piquer sur des brochettes, en réservant la marinade.

5 Faire cuire les brochettes au barbecue sur une grille huilée, sur des braises pas trop chaudes, en les retournant et en les arrosant fréquemment de marinade, 15 à 20 minutes, jusqu'à ce que la viande soit cuite.

6 Servir les brochettes avec des quartiers de citron et citron vert (facultatif).

## CONSEIL

*Donnez du punch à la marinade, ajoutez-y une cuillerée à café de sauce pimentée ; faites mariner la viande plusieurs heures et les légumes 30 minutes.*

# Canard à l'orange et au sésame

**4 personnes**

## INGRÉDIENTS

4 cuil. à soupe de sauce de soja

2 cuil. à soupe de marmelade
d'oranges à texture fine

2 cuil. à soupe de jus d'orange

1 morceau de gingembre frais
de 1 cm, râpé

1 cuil. à soupe de vinaigre de xérès

4 découpes de canard

4 cuil. à soupe de graines
de sésame

2 oranges, émincées

2 gousses d'ail, hachées

ACCOMPAGNEMENT

feuilles de salades

fines herbes

1 Mélanger la sauce de soja, la marmelade, le jus d'orange, l'ail, le gingembre et le vinaigre dans un bol.

2 Enlever l'excédent de graisse des découpes de canard. Mettre le canard dans un plat non métallique peu profond et arroser avec la sauce à l'orange. Couvrir et laisser reposer au moins 2 heures.

3 Répartir les rondelles d'oranges dans 4 doubles épaisseurs de papier d'aluminium, en réservant quelques-une d'entre elles pour garnir. Mettre un morceau de canard sur les oranges et arroser chaque portion d'un peu de marinade. Refermer chaque papillote.

4 Faire cuire 40 minutes environ au barbecue, sur des braises très chaudes, jusqu'à ce que la viande soit juste cuite.

5 Retirer les papillotes du barbecue et parsemer la peau du canard de graines de sésame. Mettre le canard, peau en dessous, directement sur la grille huilée et faire cuire encore 5 minutes, jusqu'à ce que la peau soit croustillante. Garnir de rondelles d'oranges, de feuilles de salade et de fines herbes, et servir.

## CONSEIL

*Cuire le canard en papillote permet de préserver toutes les arômes de la marinade. Vous pouvez cuire le canard directement sur la grille. Pensez alors à retourner et à le badigeonner souvent.*

# Canard grillé

### 4 personnes

## INGRÉDIENTS

5 cuil. à soupe de sucre de canne blond

4 magrets de canard

1 morceau de gingembre frais de 2,5 cm, râpé

1 cuil. à soupe de coriandre fraîche, hachée

1 cuil. à café de poudre de cinq-épices

3 gousses d'ail, hachées

150 ml de sauce de soja claire

brins de coriandre fraîche, en garniture

1 Pour préparer la marinade, bien mélanger dans un bol l'ail, la sauce de soja, le sucre, le gingembre râpé, la coriandre hachée et la poudre de cinq-épices.

2 Mettre les magrets dans un plat non métallique peu profond et les arroser avec la marinade. Les retourner délicatement pour imprégner les deux faces de marinade.

3 Couvrir le plat de film alimentaire et laisser mariner 1 à 6 heures, en retournant le canard une ou deux fois pour qu'il absorbe la marinade.

4 Retirer le canard de la marinade, en réservant celle-ci pour la cuisson.

5 Faire cuire les magrets 20 à 30 minutes au barbecue sur des braises très chaudes. Les retourner et les badigeonner fréquemment avec la marinade réservée.

6 Découper les magrets en tranches et disposer dans des assiettes chaudes. Garnir d'un brin de coriandre fraîche et servir.

## CONSEIL

*Le canard est une viande grasse. Il est donc inutile d'ajouter de l'huile dans la marinade. En revanche, n'oubliez pas de graisser la grille du barbecue pour qu'il n'attache pas. Éloignez-vous du barbecue pour le faire afin d'éviter tout risque d'embrasement.*

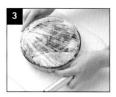

# Canard laqué,
## sauce à l'ananas

#### 4 personnes

### INGRÉDIENTS

2 cuil. à soupe de moutarde
de Dijon
1 cuil. à café de paprika
1/2 cuil. à café de gingembre
en poudre
4 cuisses de canard

1/2 cuil. à café de noix muscade
en poudre
2 cuil. à soupe de sucre
de canne brun
salade, en accompagnement

SAUCE
1 piment rouge, épépiné et haché
225 g d'ananas en boîte
2 cuil. à soupe de sucre
de canne brun
1 petit oignon rouge, haché

1 Pour préparer la sauce, égoutter l'ananas en réservant 2 cuillerées à soupe de jus. Hacher finement la chair.

2 Mettre l'ananas, le jus réservé, le sucre, l'oignon et le piment dans un bol et bien mélanger. Laisser reposer au moins 1 heure pour permettre aux arômes de se développer.

3 Entre-temps, mélanger la moutarde, le paprika, le gingembre, la noix muscade et le sucre. Étaler cette préparation sur les cuisses de canard.

4 Faire cuire 30 minutes environ au barbecue, peau au-dessus, sur des braises très chaudes. Retourner le canard et poursuivre la cuisson 10 à 15 minutes, jusqu'à ce qu'il soit cuit à cœur.

5 Servir avec des feuilles de salade et la sauce.

## CONSEIL

*Vous pouvez cuire le canard dans une barquette de papier aluminium afin de protéger la chair.*

## VARIANTE

*Pour un goût différent, faites la sauce avec des abricots ou des pêches en boîte. Cette sauce accompagne très bien le porc, l'agneau ou le poulet.*

# Viandes

*Pour la plupart d'entre nous, un barbecue est indissociable
de la viande : cuites ainsi, les côtelettes les plus simples
deviennent délicieuses. Ajoutez quelque marinade ou sauce
et vous obtiendrez le plus savoureux des repas.*

*Vous trouverez dans les recettes suivantes comment
agrémenter vos viandes préférées et présenter différemment
les hamburgers et les saucisses. En fait, vous résisterez
difficilement à l'envie de tout essayer ! N'hésitez pas
à expérimenter et à mélanger les sauces et les marinades
avec différents morceaux et types de viandes.*

*Pour un barbecue imprévu, choisissez des recettes proposant
de glacer la viande. Mais si vous en avez le temps, faire
mariner la viande permet non seulement de l'aromatiser,
mais également de la rendre plus tendre. Enlevez l'excédent
de gras afin qu'il ne s'égoutte pas sur les braises,
et ce faisant les embrase. D'ailleurs, ayez toujours à portée
de main un pulvérisateur rempli d'eau.*

*Vous pouvez servir le bœuf et l'agneau encore roses au cœur,
mais veillez à bien faire cuire le porc. Vérifiez la cuisson
en piquant une brochette dans la viande ; lorsque le jus qui
s'écoule est clair, la viande est cuite.*

# *Hamburgers épicés*

### 6 hamburgers

## INGRÉDIENTS

700 g de bifteck haché
1 oignon, finement haché
2 cuil. à soupe de sauce Worcester
sel et poivre
pains ronds au sésame, grillés,
    en accompagnement

CHAMPIGNONS ÉPICÉS
1 cuil. à soupe de sauce de soja

125 g de champignons de Paris,
    émincés
1 cuil. à soupe de sauce Worcester

GUACAMOLE
1 avocat
1 gousse d'ail
1 cuil. à soupe de condiment
    à la tomate

1 cuil. à soupe de jus de citron

SAUCE BARBECUE
3 cuil. à soupe de chutney
    aux fruits
3 cuil. à soupe de ketchup
1 cuil. à café de moutarde
    à l'ancienne
1 cuil. à soupe de miel liquide

1 Choisir une ou plusieurs des garnitures proposées. Pour faire les champignons épicés, mélanger tous les ingrédients et laisser mariner au moins 30 minutes.

2 Pour le guacamole, éplucher et dénoyauter l'avocat, et réduire la chair en purée. Mélanger la purée obtenue avec l'ail, le jus de citron et le condiment à la tomate et réserver au réfrigérateur.

3 Pour la sauce barbecue, mélanger tous les ingrédients et réserver au réfrigérateur.

4 Pour préparer les hamburgers, mélanger intimement le bifteck haché, l'oignon, la sauce Worcester, le sel et le poivre. Diviser en six et former six galettes d'environ 1 cm d'épaisseur. Réserver au frais au moins 30 minutes.

5 Faire cuire au barbecue 5 à 10 minutes de chaque côté, sur des braises très chaudes. Servir la viande dans des petits pains ronds, nappée de la garniture de votre choix.

# *Bœuf teriyaki*

### 4 personnes

## INGRÉDIENTS

450 g de steaks extra fins
8 oignons verts, parés et coupés
    en petits tronçons
1 poivron jaune, épépiné et coupé
    en morceaux
salade verte, en accompagnement

SAUCE
1 cuil. à café de maïzena
2 cuil. à soupe de xérès sec
2 cuil. à soupe de vinaigre
    de vin blanc
3 cuil. à soupe de sauce de soja
1 gousse d'ail, hachée

1 cuil. à soupe de sucre
    de canne brun
1/2 cuil. à café de cannelle
    en poudre
1/2 cuil. à café de gingembre
    en poudre

1 Mettre le bœuf dans un plat non métallique peu profond. Pour préparer la sauce, mélanger la maïzena et le xérès, puis incorporer les autres ingrédients. Verser la sauce sur la viande et laisser mariner au moins 2 heures.

2 Retirer la viande marinée de la sauce et la réserver Verser la sauce dans une petite casserole.

3 Couper la viande en fines lamelles et les piquer en accordéon sur des brochettes en bois préalablement trempées, en alternant avec les morceaux de poivron et d'oignons.

4 Laisser frémir en remuant de temps en temps. Faire cuire les brochettes 5 à 8 minutes environ au barbecue, sur des braises très chaudes. Les retourner et les badigeonner fréquemment avec la sauce.

5 Disposer les brochettes dans des assiettes et arroser avec la sauce restante. Garnir de salade verte et servir immédiatement.

## CONSEIL

*Si vous manquez de temps, ne faites pas mariner la viande, mais la viande ne sera pas aussi savoureuse.*

# *Steaks au whisky*

### 4 personnes

## INGRÉDIENTS

4 steaks

4 cuil. à soupe de whisky
ou de cognac

2 cuil. à soupe de sauce de soja

1 cuil. à soupe de sucre
de canne brun

poivre

brins de persil frais, en garniture

ACCOMPAGNEMENT

pain à l'ail

rondelles de tomates

1 Pratiquer quelques incisions sur les bords gras de chaque steak pour empêcher la viande de se déformer à la cuisson.

2 Mettre le bœuf dans un plat non métallique peu profond. Mélanger le whisky ou le cognac, la sauce de soja, le sucre et le poivre dans un petit bol, en remuant jusqu'à dissolution du sucre. Verser la préparation sur la viande. Couvrir et laisser mariner au moins 2 heures.

3 Saisir la viande sur la partie la plus chaude du barbecue, sur des braises très chaudes, 2 minutes environ de chaque côté.

4 Déplacer la viande vers un endroit un peu moins chaud de la grille et poursuivre la cuisson 4 à 10 minutes de chaque côté en fonction de la cuisson souhaitée. Vérifier la cuisson en piquant la pointe d'un couteau dans la viande : le jus qui s'écoule est rouge lorsqu'elle est saignante et clair lorsqu'elle est très cuite.

5 Faire griller légèrement les rondelles de tomates 1 à 2 minutes au barbecue.

6 Disposer la viande et les tomates dans des assiettes chaudes. Garnir de brins de persil frais et servir avec du pain à l'ail.

## CONSEIL

*Choisissez des steaks de bonne qualité (filet, rumsteck ou entrecôte), légèrement persillés. La graisse évite à la viande de dessécher à la cuisson. Pour faire cuire des steaks très rapidement, aplatissez-les et attendrissez-les avec un maillet de boucher.*

# Steaks mexicains à l'avocat

### 4 personnes

## INGRÉDIENTS

4 steaks
3 cuil. à soupe d'huile
  de tournesol
1/2 oignon rouge, râpé
1 piment rouge, épépiné
  et finement haché
1 gousse d'ail, hachée
1 cuil. à café de cumin en poudre

1 cuil. à soupe de coriandre
  fraîche hachée
1/2 cuil. à café d'origan séché

CONDIMENT D'AVOCAT
1 avocat mûr
1 cuil. à soupe d'huile
  de tournesol

zeste râpé et jus d'un citron vert
1/2 oignon rouge, finement
  haché
1 piment rouge, épépiné
  et finement haché
1 cuil. à soupe de coriandre
  fraîche hachée
sel et poivre

1 Pratiquer quelques incisions dans le bord gras de chaque steak pour éviter que la viande ne se déforme à la cuisson. Mettre le bœuf dans un plat non métallique peu profond.

2 Mélanger l'huile, l'oignon, le piment, l'ail, la coriandre, l'origan et le cumin dans un bol. Verser la marinade sur les steaks, en retournant la viande pour bien l'enrober. Laisser mariner 1 à 2 heures.

3 Pour préparer le condiment, couper l'avocat en deux et enlever le noyau. Éplucher et couper la chair en dés. Mélanger l'avocat avec le zeste et le jus de citron vert, l'huile, l'oignon, la coriandre, le sel et le poivre dans une terrine. Couvrir et laisser reposer au réfrigérateur.

4 Faire cuire les steaks 6 à 12 minutes de chaque côté au barbecue sur une grille huilée, sur des braises très chaudes.

5 Servir avec le condiment d'avocat.

## VARIANTE

*Vous pouvez servir le condiment d'avocat avec du poulet. Mettez moins de piment pour une saveur plus douce. Si vous ne trouvez pas de piments frais, des piments en bocal conviendront parfaitement.*

# Steaks grillés
# à la confiture d'oignons rouges

#### 4 personnes

## INGRÉDIENTS

4 rumstecks

2 cuil. à café de moutarde
à l'ancienne

2 cuil. à soupe d'huile de tournesol

zeste râpé et jus d'une
demi-orange

sel et poivre

pommes de terre nouvelles cuites,
en accompagnement

CONFITURE D'OIGNONS ROUGES

2 cuil. à soupe d'huile d'olive

200 ml de vin rouge

450 g d'oignons rouges, coupés
en anneaux

zeste d'une orange, râpé

1 cuil. à soupe de sucre en poudre

1 Pour préparer la confiture, mettre l'huile d'olive et les oignons dans une casserole et faire revenir à feu doux 5 à 10 minutes jusqu'à ce que les oignons aient fondu et commencent à dorer.

2 Ajouter le vin, le zeste d'orange et le sucre et laisser mijoter 10 à 15 minutes jusqu'à ce que les oignons soient tendres et que le liquide se soit presque complètement évaporé. Laisser refroidir. Saler et poivrer.

3 Pratiquer quelques incisions sur le bord gras de chaque steak pour éviter que la viande ne se déforme à la cuisson.

4 Badigeonner les steaks de moutarde. Saler et poivrer.

5 Mélanger l'huile, le jus et le zeste d'orange dans un bol pour en badigeonner les steaks de temps en temps pendant la cuisson.

6 Saisir la viande sur la partie la plus chaude du barbecue, sur des braises très chaudes, 2 minutes de chaque côté, en badigeonnant de temps en temps avec la sauce à l'orange. Déplacer la viande vers un endroit moins chaud et poursuivre la cuisson 4 à 10 minutes de chaque côté en fonction de la cuisson souhaitée, en badigeonnant de temps et temps. Servir avec la confiture et les pommes de terre nouvelles.

# Brochettes pré et marée

**6 personnes**

## INGRÉDIENTS

| | | |
|---|---|---|
| 450 g de rumsteck ou de faux-filet | MARINADE | 3 cuil. à soupe de jus de citron |
| 18 crevettes crues | 5 cuil. à soupe de sauce d'huître | 4 cuil. à soupe d'huile |
| | 1 cuil. à soupe de sauce de soja | de tournesol |

1 Couper le steak en 24 cubes réguliers et les mettre dans un plat non métallique.

2 Décortiquer les crevettes, en conservant la queue pour que ce soit plus décoratif.

3 Pour préparer la marinade, mélanger dans un bol la sauce d'huître, la sauce de soja, le jus de citron et l'huile de tournesol. Verser la préparation sur la viande et laisser mariner 15 minutes.

4 Ajouter les crevettes dans la marinade, remuer et laisser mariner 5 minutes.

5 Retirer la viande et les crevettes de la marinade, en réservant celle-ci pour la cuisson. Piquer la viande sur des brochettes en bois préalablement trempées, en alternant avec les crevettes. (Faire tremper les brochettes en bois évite qu'elles ne brûlent pendant la cuisson.)

6 Faire cuire les brochettes 5 à 10 minutes au barbecue, sur des braises très chaudes. Les retourner et les badigeonner fréquemment avec la marinade.

7 Transférer les brochettes dans des assiettes chaudes.

## VARIANTE

*Vous pouvez ajouter aux brochettes d'autres crustacés, homard ou crabe par exemple. Elles sont également délicieuses avec une marinade aux fines herbes, à l'ail et à l'huile.*

# Brochettes de bœuf, de tomates et d'olives

8 brochettes

## INGRÉDIENTS

450 g de rumsteck ou de faux-filet

16 tomates cerises

16 grosses olives vertes, dénoyautées

focaccia, en accompagnement

GLAÇAGE

4 cuil. à soupe d'huile d'olive

1 cuil. à soupe de vinaigre de xérès

1 gousse d'ail, hachée

sel et poivre noir moulu

CONDIMENT FRAIS À LA TOMATE

1 cuil. à soupe d'huile d'olive

1/2 oignon rouge, finement haché

1 gousse d'ail, hachée

6 olivettes, épépinées, mondées et concassées

2 olives vertes dénoyautées, émincées

1 cuil. à soupe de persil frais haché

1 cuil. à soupe de jus de citron

1 Dégraisser la viande et la découper en 24 cubes réguliers.

2 Piquer la viande sur 8 brochettes, en alternant avec les tomates cerises et les olives.

3 Pour préparer le glaçage, mélanger l'huile, le vinaigre, l'ail, le sel et le poivre dans un bol.

4 Pour préparer le condiment, chauffer l'huile dans une petite casserole et faire fondre l'oignon et l'ail 3 à 4 minutes. Ajouter les tomates et les olives et cuire 2 à 3 minutes, jusqu'à ce que les tomates soient juste tendres. Incorporer le persil et le jus de citron. Saler et poivrer. Tenir au chaud ou laisser refroidir.

5 Cuire les brochettes 5 à 10 minutes au barbecue sur une grille huilée, sur des braises très chaudes, en les badigeonnant et en les retournant souvent. Servir avec le condiment à la tomate et des tranches de focaccia.

## CONSEIL

*Vous pouvez préparer les brochettes, le glaçage et le condiment plusieurs heures à l'avance. Pour un repas simple, servez accompagné de pain frais et d'une salade.*

# Bœuf aux champignons sauvages

**4 personnes**

## INGRÉDIENTS

| | | |
|---|---|---|
| 4 steaks, filet ou faux-filet | 150 g de champignons sauvages | ACCOMPAGNEMENT |
| 50 g de beurre | variés | feuilles de salade |
| 1 à 2 gousses d'ail, hachées | 2 cuil. à soupe de persil frais, haché | tomates cerises, coupées en deux |

1 Mettre les steaks sur une planche à découper et inciser le côté de chacun avec un couteau tranchant, de manière à former une poche.

2 Pour préparer la farce, chauffer le beurre dans une poêle, ajouter l'ail et faire rissoler à feu doux environ 1 minute.

3 Ajouter les champignons et faire fondre doucement 4 à 6 minutes. Incorporer le persil haché.

4 Diviser la préparation aux champignons en quatre et insérer une portion dans chaque steak. Fermer les poches avec une pique à cocktail. Si cette recette est préparée à l'avance, attendre que la préparation refroidisse avant d'en farcir les steaks.

5 Saisir les steaks sur la partie la plus chaude du barbecue, sur des braises très chaudes, environ 2 minutes de chaque côté. Déplacer les steaks vers un endroit un peu moins chaud de la grille et poursuivre la cuisson 4 à 10 minutes de chaque côté en fonction de la cuisson souhaitée.

6 Transférer les steaks sur des assiettes et retirer les piques à cocktail. Servir avec des feuilles de salade et des tomates cerises.

## CONSEIL

*On trouve aujourd'hui dans le commerce de nombreux champignons sauvages (shiitake, pleurotes, chanterelles...). Vous pouvez utiliser des paquets de champignons sauvages : cela revient moins cher que de les acheter séparément.*

# Boulettes de viande en brochette

## 8 brochettes

### INGRÉDIENTS

25 g de blé concassé

350 g de bœuf haché maigre

1 oignon, finement émincé
(facultatif)

1 cuil. à soupe de ketchup

1 cuil. à soupe de sauce Worcester

1 cuil. à soupe de persil frais
haché

1 œuf, battu, pour lier

8 tomates cerise

8 champignons de Paris

huile, pour arroser pendant
la cuisson

8 petits pains,
en accompagnement

1 Placer le blé concassé dans une jatte et le recouvrir d'eau bouillante. Laisser tremper 20 minutes jusqu'à ce qu'il soit ramolli. Égoutter et laisser refroidir.

2 Verser dans une jatte le blé concassé, le bœuf haché, l'oignon (facultatif), le ketchup, la sauce Worcester et le persil frais haché et remuer jusqu'à obtenir un mélange homogène. Ajouter un peu d'œuf battu si nécessaire pour lier le mélange.

3 Façonner avec le mélange 18 boulettes de taille égale. Réfrigérer 30 minutes.

4 Piquer les boulettes de viande sur 8 brochettes en bois, en alternant avec les tomates cerises et les champignons.

5 Badigeonner légèrement les brochettes d'huile et griller au barbecue 10 minutes, jusqu'à ce qu'elles soient cuites, en retournant de temps en temps et en arrosant d'un peu d'huile si la viande commence à se dessécher.

6 Disposer les brochettes dans des assiettes chaudes, ou ouvrir les petits pains et y placer la viande et les légumes retirés des brochettes. Servir.

## CONSEIL

*Ici, le blé « allonge »
la viande, ce qui en fait
un plat bon marché.
Il donne également un
goût de noisette aux
boulettes de viande,
très apprécié des enfants.*

# Steaks de gibier grillés

## 4 personnes

### INGRÉDIENTS

4 steaks de gibier

150 ml de vin rouge

2 cuil. à soupe d'huile de tournesol

1 cuil. à soupe de vinaigre
   de vin rouge

1 oignon, haché

quelques brins de persil frais

2 brins de thym frais

1 feuille de laurier

1 cuil. à café de sucre en poudre

1/2 cuil. à café de moutarde douce

sel et poivre

ACCOMPAGNEMENT

pommes de terre en robe
   des champs

feuilles de salade et tomates cerises

1 Mettre les steaks dans un plat non métallique peu profond.

2 Mélanger le vin, l'huile, le vinaigre de vin, l'oignon, le persil, le thym, la feuille de laurier, le sucre, la moutarde, le sel et le poivre dans un bocal muni d'un couvercle et agiter vigoureusement. Autre méthode, mélanger tous les ingrédients à la fourchette dans un bol.

3 Verser la marinade sur les steaks, couvrir et laisser mariner une nuit au réfrigérateur. Retourner de temps en temps la viande pour bien l'enrober de marinade.

4 Saisir les steaks sur la partie la plus chaude du barbecue, sur des braises très chaudes, 2 minutes environ de chaque côté.

5 Déplacer la viande vers un endroit un peu moins chaud de la grille et poursuivre la cuisson 4 à 10 minutes de chaque côté en fonction de la cuisson souhaitée. Vérifier la cuisson en piquant la pointe d'un couteau dans la viande : le jus qui s'écoule est rouge lorsque la viande est saignante et clair lorsqu'elle est très cuite.

6 Servir avec des pommes de terre en robe des champs, des feuilles de salade et des tomates cerises.

# Sandwiches d'agneau à la menthe et aux pignons

## 4 personnes

### INGRÉDIENTS

450 g de hachis maigre d'agneau
1 petit oignon, finement haché
50 g de pignons

2 cuil. à soupe de menthe fraîche
    hachée
sel et poivre

ACCOMPAGNEMENT
4 pains pita ou pains ronds
75 g de feta
feuilles de salade

1 Mettre la viande hachée, l'oignon, les pignons, la menthe fraîche, le sel et le poivre dans une terrine et mélanger jusqu'à obtention d'une consistance homogène.

2 Diviser la préparation obtenue en 4 portions et leur donner la forme d'une galette en tassant bien la viande. Couvrir les galettes et les mettre environ 30 minutes au réfrigérateur.

3 Cuire la viande au barbecue 4 à 5 minutes de chaque côté, sur des braises très chaudes, en la retournant une fois, jusqu'à ce que le jus qui s'écoule soit clair.

4 Réchauffer les pains pita sur le bord du barbecue ou faire griller les pains ronds.

5 Émietter la feta et réserver.

6 Garnir les pains de feuilles de salade. Mettre la viande entre deux tranches de pain et garnir de miettes de feta.

### CONSEIL

*Si vous n'avez pas de menthe fraîche, prenez 1 à 2 cuillerées à café de sauce à la menthe, dont le goût est plus frais que la menthe séchée. Laissez la viande au réfrigérateur pour qu'elle soit plus ferme et ne se délite pas à la cuisson.*

# Côtes d'agneau aux groseilles

### 4 personnes

## INGRÉDIENTS

4 cuil. à soupe de gelée
de groseilles
2 cuil. à soupe de vinaigre
de framboise

1/2 cuil. à café de romarin séché
1 gousse d'ail, hachée
1 cuil. à soupe d'huile de tournesol
4 petites aubergines

4 côtes filet d'agneau doubles
ou 8 côtes filet d'agneau
huile, pour badigeonner

1 Pour préparer la sauce, mélanger la gelée de groseilles, le vinaigre, le romarin, l'ail et l'huile dans une petite casserole et cuire, en remuant de temps en temps, jusqu'à ce que la gelée ait fondu et que les ingrédients soient bien mélangés.

2 Cuire les côtes au barbecue 5 minutes de chaque côté, sur des braises très chaudes.

3 Couper chaque aubergine en deux et badigeonner généreusement d'huile les faces coupées.

4 Cuire les aubergines au barbecue à côté de l'agneau 3 à 4 minutes de chaque côté, sur des braises très chaudes. Réserver au chaud.

5 Badigeonner les côtes avec la sauce et poursuivre la cuisson 5 minutes de chaque côté, en les badigeonnant souvent. Tenir la sauce aux groseilles au chaud sur le bord du barbecue.

6 Disposer des assiettes chaudes et arroser avec le reste de sauce. Servir immédiatement.

## VARIANTE

*Utiliser d'autres morceaux d'agneau, les tranches de gigot ou les côtes premières sont idéales. La sauce aux groseilles se marie très bien avec le poulet ; précuisez des pilons à l'eau ou au micro-ondes avant de les badigeonner et de terminer la cuisson au barbecue.*

# Agneau en croûte épicée

**4 personnes**

### INGRÉDIENTS

| | | |
|---|---|---|
| 1 cuil. à soupe d'huile d'olive | 1 cuil. à soupe de sauce au raifort | ACCOMPAGNEMENT |
| 2 cuil. à soupe de sucre brun | 1 cuil. à soupe de farine | coleslaw (salade de chou |
| 2 cuil. à soupe de moutarde | 400 g de collier d'agneau | et de carottes) |
| à l'ancienne | sel et poivre | rondelles de tomates |

1 Mélanger l'huile, le sucre, la moutarde, la sauce au raifort, la farine, le sel et le poivre dans un plat non métallique, jusqu'à obtenir un mélange homogène.

2 Rouler l'agneau dans ce mélange en veillant à bien l'enrober.

3 Huiler légèrement un grand morceau de papier d'aluminium en double épaisseur et en envelopper complètement la viande.

4 Placer la papillote sur des braises chaudes pendant 30 minutes en la retournant de temps en temps.

5 Ouvrir la papillote, arroser la viande avec le jus de cuisson et poursuivre la cuisson pendant 10 à 15 minutes jusqu'à ce que la viande soit entièrement cuite.

6 Disposer l'agneau dans un plat et enlever le papier d'aluminium. Couper la viande en tranches épaisses et l'accompagner de coleslaw et de rondelles de tomates.

## CONSEIL

*L'agneau est une viande naturellement grasse, c'est donc un bon choix pour la cuisson au barbecue.*

## CONSEIL

*Vous pouvez retirer l'agneau de la papillote au cours de la seconde partie de la cuisson. Pour obtenir un arôme plus fumé, grillez la viande au barbecue en l'arrosant éventuellement d'huile.*

# *Kibbeh*

**4 personnes**

## INGRÉDIENTS

| | | |
|---|---|---|
| 75 g de couscous | 1/2 cuil. à café de cannelle en poudre | SAUCE |
| 1 petit oignon | | 2 cuil. à soupe de ketchup |
| 350 g d'agneau maigre, haché | 4 cuil. à café de piment | 2 cuil. à soupe d'huile de tournesol |
| 1/2 cuil. à café de poivre de Cayenne | salade verte et rondelles d'oignon, en accompagnement | |

1 Placer le couscous dans une jatte, recouvrir d'eau froide et laisser reposer 30 minutes, jusqu'à ce que la semoule ait gonflé et ramolli. Il est également possible de le préparer selon les instructions figurant sur l'emballage.

2 Égoutter le couscous dans une passoire et le presser pour en retirer autant d'eau que possible.

3 Hacher l'oignon dans un robot. Ajouter l'agneau et mixer rapidement pour obtenir un hachis très fin, ou râper l'oignon et l'ajouter à l'agneau.

4 Mélanger le couscous, l'agneau et les épices. Diviser le mélange en huit portions de même taille. Mettre en forme la viande autour de 8 brochettes en bois ou métalliques, en la pressant fermement pour qu'elle adhère à la brochette. Conserver au frais au moins 30 minutes avant de les faire cuire.

5 Pour la sauce, mélanger l'huile et le ketchup.

6 Faire griller les kibbeh au barbecue 10 à 15 minutes en les retournant et en les arrosant régulièrement.

Servir accompagné de rondelles d'oignon grillées et de salade verte.

## CONSEIL

*Ajouter du couscous à une farce « allonge » la viande, ce qui en fait un plat très bon marché. Vous pouvez en ajouter à d'autres hachis et l'utiliser pour réaliser des kebbabs ou des hamburgers.*

# Côtes d'agneau grillées

## 4 personnes

### INGRÉDIENTS

poitrine d'agneau, environ 700 g
3 cuil. à soupe de chutney sucré
4 cuil. à soupe de ketchup
2 cuil. à soupe de vinaigre
   de cidre

2 cuil. à café de sauce Worcester
2 cuil. à café de moutarde douce
1 cuil. à soupe de sucre
   de canne clair

ACCOMPAGNEMENT
feuilles de salade
tomates cerises

1 À l'aide d'un couteau tranchant, inciser la poitrine d'agneau entre les côtes pour diviser ultérieurement en portions plus petites.

2 Porter une grande casserole d'eau à ébullition, ajouter l'agneau et le précuire 5 minutes environ. Retirer la viande de l'eau et l'égoutter avec du papier absorbant.

3 Pour la sauce, mélanger le chutney, le ketchup, le vinaigre de cidre, la sauce Worcester, la moutarde

et le sucre dans un plat non métallique peu profond.

4 À l'aide d'un couteau tranchant, détailler les côtes en portions. Ajouter celles-ci à la sauce et bien remuer.

5 Sortir les côtes de la sauce en réservant ce qui reste pour la cuisson.

6 Cuire les côtes au barbecue 10 à 15 minutes, sur des braises très chaudes. Les retourner et les badigeonner fréquemment avec la sauce réservée.

7 Transférer les côtes sur des assiettes chaudes. Servir immédiatement avec des feuilles de salade et des tomates cerises.

## VARIANTE

*Vous pouvez également utiliser de la poitrine de porc. Dégraissez le porc en le cuisant au préalable dans l'eau.*

# Gigot d'agneau au vinaigre balsamique et à la menthe

### 8 personnes

## INGRÉDIENTS

gigot d'agneau désossé
   d'environ 1,8 kg
8 cuil. à soupe de vinaigre
   balsamique
zeste râpé et jus d'un citron

150 ml d'huile de tournesol
4 cuil. à soupe de menthe fraîche
   hachée
2 gousses d'ail, hachées
sel et poivre

2 cuil. à soupe de sucre
   de canne blond
ACCOMPAGNEMENT
légumes grillés
feuilles de salades

1 Ouvrir le gigot désossé pour lui donner la forme d'un papillon. Percer la viande de 2 à 3 brochettes.

2 Mélanger le vinaigre balsamique, le zeste et le jus de citron, l'huile, la menthe, l'ail, le sucre, le sel et le poivre dans un plat non métallique suffisamment grand pour contenir l'agneau.

3 Mettre l'agneau dans le plat et le retourner plusieurs fois pour bien l'imprégner de marinade.

Laisser mariner au moins 6 heures, une nuit si possible, en retournant la viande de temps en temps.

4 Retirer la viande de la marinade et réserver cette dernière.

5 Placer la grille à environ 15 cm au-dessus des braises et faire cuire l'agneau au barbecue environ 30 minutes de chaque côté. Le retourner une fois et le badigeonner fréquemment avec la marinade.

6 Transférer l'agneau sur une planche à découper et retirer les brochettes. Découper en tranches perpendiculairement aux fibres et servir avec des légumes grillés et de la salade.

## CONSEIL

*Vous pouvez, si vous le souhaitez, cuire l'agneau 30 minutes dans un four préchauffé à 180 °C (th. 6) puis 30 minutes au barbecue.*

# Brochettes d'agneau au vin rouge

**4 brochettes**

## INGRÉDIENTS

| | | |
|---|---|---|
| 450 g d'agneau maigre | MARINADE | 1 oignon, émincé |
| 12 oignons grelots | 150 ml de vin rouge | 1 feuille de laurier |
| feuilles de salade et tomates | 2 cuil. à soupe de cognac | 1 brin de thym frais |
| cerises, en accompagnement | (facultatif) | 2 brins de persil frais |
| 12 champignons de Paris | 4 cuil. à soupe d'huile d'olive | |

1 Découper l'agneau en gros cubes.

2 Pour préparer la marinade, mélanger le vin, l'huile, le cognac (facultatif), l'oignon, la feuille de laurier, le thym et le persil dans un plat non métallique.

3 Ajouter la viande et bien mélanger. Couvrir et laisser mariner au moins 2 heures au réfrigérateur, une nuit si possible.

4 Porter une casserole d'eau à ébullition,

plonger les oignons grelots non épluchés et les blanchir 3 minutes. Égoutter et rafraîchir les oignons sous l'eau froide. Égoutter à nouveau. Parer et éplucher les oignons. La peau s'en ira facilement.

5 Sortir la viande de la marinade et réserver celle-ci pour la cuisson. Piquer la viande sur des brochettes, en alternant avec les oignons grelots et les champignons.

6 Cuire les brochettes environ 8 à 10 minutes

au barbecue, sur des braises très chaudes, en les retournant et en les badigeonnant de temps en temps avec la marinade réservée.

7 Transférer les brochettes d'agneau sur des assiettes chaudes et servir avec des feuilles de salade et des tomates cerises.

# Brochettes d'agneau à la marocaine

### 4 brochettes

## INGRÉDIENTS

450 g de d'agneau maigre
1 citron
1 oignon rouge
4 petites courgettes
couscous, en accompagnement
   (*voir* conseil)

MARINADE
zeste râpé et jus d'un citron
2 cuil. à soupe d'huile d'olive
1 piment rouge, émincé (facultatif)
1 cuil. à café de cannelle
   en poudre

1 cuil. à café de gingembre
   en poudre
1 gousse d'ail, hachée
1/2 cuil. à café de cumin
   en poudre et de coriandre
   en poudre

1 Découper l'agneau en gros cubes réguliers.

2 Pour préparer la marinade, mélanger dans un grand plat non métallique le zeste et le jus de citron, l'huile, l'ail, le piment (facultatif), la cannelle, le gingembre, le cumin et la coriandre en poudre.

3 Ajouter la viande et bien mélanger. Couvrir et laisser mariner au moins 2 heures au réfrigérateur.

4 Couper le citron en huit. Couper l'oignon en quartiers, puis séparer chaque quartier en deux.

5 À l'aide d'un économe, prélever de fines lanières de peau sur les courgettes et les couper en morceaux.

6 Sortir la viande de la marinade et réserver le liquide pour la cuisson. Piquer la viande sur des brochettes, en alternance avec les oignons, le citron et les courgettes.

7 Cuire 8 à 10 minutes, sur des braises très chaudes, en badigeonnant avec la marinade.

## CONSEIL

*Servez avec du couscous ou du taboulé. Trempez le couscous dans de l'eau froide 20 minutes, jusqu'à ce que les grains ramollissent. Égouttez et cuire 10 minutes à la vapeur afin qu'il soit très chaud.*

# Chiche-kebabs

4 kebabs

## INGRÉDIENTS

450 g d'agneau maigre
1 oignon rouge, en quartiers
1 poivron vert, épépiné

MARINADE
1 oignon

4 cuil. à soupe d'huile d'olive
zeste râpé et jus
    d'un demi-citron
1 gousse d'ail, hachée
1/2 cuil. à café d'origan séché
1/2 cuil. à café de thym séché

ACCOMPAGNEMENT
4 pains pita
quelques feuilles de salade,
    déchirées
2 tomates, émincées
sauce au piment (facultatif)

1 Découper l'agneau en gros cubes réguliers.

2 Pour préparer la marinade, râper l'oignon ou le hacher très finement dans un robot de cuisine. Exprimer le jus en pressant l'oignon entre deux assiettes verticales au-dessus d'un bol.

3 Mélanger le jus d'oignon avec les autres ingrédients de la marinade dans un plat non métallique et y ajouter la viande. Remuer la viande dans la marinade, couvrir

et laisser mariner au moins 2 heures au réfrigérateur, une nuit si possible.

4 Séparer les quartiers d'oignon en deux. Couper les poivrons en morceaux.

5 Sortir la viande de la marinade et réserver celle-ci pour la cuisson. Piquer la viande sur des brochettes, en alternant avec les oignons et les poivrons. Faire cuire au barbecue 8 à 10 minutes, en retournant et en arrosant fréquemment.

6 Couper les pains pita en deux et les garnir d'un peu de salade, de la viande et des légumes. Garnir de tomates et de sauce au piment.

## VARIANTE

*Accompagnées de riz safrané, ces kebabs sont délicieuses. Pour le riz safrané, il vous suffit de mettre des stigmates de safran dans l'eau de cuisson.*

# Côtelettes d'agneau au romarin

**4 personnes**

## INGRÉDIENTS

| | | |
|---|---|---|
| 8 côtelettes d'agneau | 8 brins de romarin | ASSAISONNEMENT |
| 5 cuil. à soupe d'huile d'olive | pommes de terre en robe des | 2 cuil. à soupe d'huile d'olive |
| 2 cuil. à soupe de jus de citron | champs, en accompagnement | 1 cuil. à soupe de jus de citron |
| 1 gousse d'ail, hachée | | 1 gousse d'ail, hachée |
| 1/2 cuil. à café de poivre | SALADE | 1/4 de cuil. à café de romarin |
| aromatisé au citron | 4 tomates, émincées | frais haché finement |
| sel | 4 oignons verts, émincés en biais | |

1 Parer les côtelettes d'agneau en enlevant la chair avec un couteau tranchant pour exposer l'extrémité des os.

2 Dans un plat non métallique et peu profond, mélanger à la fourchette l'huile, le jus de citron, l'ail, le poivre au citron et le sel.

3 Mettre des brins de romarin dans le plat et poser l'agneau dessus. Laisser mariner au moins 1 heure, en retournant les côtelettes une fois.

4 Retirer les côtelettes de la marinade et entourer les os de papier d'aluminium pour qu'ils ne brûlent pas.

5 Poser les brins de romarin sur la grille et mettre l'agneau dessus. Cuire au barbecue 10 à 15 minutes, en retournant une fois.

6 Entre-temps, préparer la salade ainsi que son assaisonnement. Disposer les tomates sur un plat de service et parsemer d'oignons verts. Mettre tous les ingrédients de l'assaisonnement dans un bocal muni d'un couvercle. Bien agiter et verser sur la salade. Servir avec les côtelettes d'agneau grillées et des pommes de terre en robe des champs.

# Agneau à la mangue et au piment

### 4 personnes

## INGRÉDIENTS

| | | |
|---|---|---|
| 4 côtes d'agneau | persil plat, en garniture | 1 mangue mûre |
| 4 cuil. à soupe de chutney à la mangue | | 1/2 cuil. à café de cannelle en poudre et de gingembre |
| 2 cuil. à café de sauce au piment | CHUTNEY ÉPICÉ À LA MANGUE | en poudre |
| légumes grillés | 2 cuil. à soupe de sucre de canne blond | 2 cuil. à soupe de vinaigre de cidre |

1 Pour préparer le chutney épicé à la mangue, couper la mangue dans la longueur des deux côtés du gros noyau plat. Jeter le noyau. Éplucher la mangue et couper la chair en dés réguliers.

2 Mettre le vinaigre de cidre, le sucre, la cannelle et le gingembre dans une petite casserole et chauffer à feu doux, sans cesser de remuer, jusqu'à dissolution du sucre.

3 Incorporer la mangue et cuire à feu doux 5 minutes environ sur le bord du barbecue ou la cuisinière, jusqu'à ce que la mangue soit tendre.

4 Cuire les côtes 4 minutes de chaque côté au barbecue sur la grille huilée, sur des braises très chaudes.

5 Mélanger le chutney à la mangue avec la sauce au piment dans un petit bol et en badigeonner les côtes.

6 Poursuivre la cuisson quelques minutes de chaque côté, jusqu'à ce que l'agneau soit cuit. Retourner et badigeonner souvent avec le mélange pimenté.

7 Servir avec des légumes grillés et le chutney épicé à la mangue.

## VARIANTE

*Vous pouvez servir ce chutney froid. Laissez mijoter les ingrédients 5 minutes, puis retirez du feu et laissez refroidir. Réservez au réfrigérateur. N'hésitez pas à utiliser le chutney à la mangue avec d'autres morceaux d'agneau ou des côtes de porc.*

# Kofta à l'indienne

### 8 koftas

## INGRÉDIENTS

1 petit oignon
450 g de hachis d'agneau
2 cuil. à soupe de pâte de curry
2 cuil. à soupe de yaourt nature
huile, pour badigeonner
brins de coriandre fraîche,
    en garniture

SAMBAL AUX TOMATES
3 tomates, épépinées et coupées
    en dés
1 pincée de coriandre en poudre
1 pincée de cumin en poudre
2 cuil. à café de coriandre fraîche
    hachée

sel et poivre

ACCOMPAGNEMENT
poppadums
chutney

1 Mettre l'oignon dans un robot de cuisine et hacher finement. Ajouter l'agneau et hacher à nouveau quelques secondes, ce qui permettre à la préparation de se tenir pendant la cuisson. À défaut de robot, râper finement l'oignon dans un bol, puis le mélanger à l'agneau.

2 Ajouter la pâte de curry et le yaourt à la préparation et bien mélanger. Diviser le mélange en 8 portions égales.

3 Façonner les 8 portions en forme de boudins et les piquer sur des brochettes. Bien tasser la préparation pour qu'elle conserve sa forme. Laisser reposer au réfrigérateur au moins 30 minutes.

4 Pour préparer le sambal aux tomates, mélanger les tomates, les épices, la coriandre hachée, le sel et le poivre dans un bol. Laisser reposer au moins 30 minutes pour permettre aux arômes de se mélanger.

5 Cuire les brochettes 10 à 15 minutes au barbecue sur une grille huilée, sur des braises très chaudes. Les retourner fréquemment et les badigeonner d'huile si nécessaire.

6 Transférer sur des assiettes et garnir de coriandre fraîche. Servir avec des poppadums (galettes indiennes), du chutney et le sambal aux tomates.

# Collier d'agneau fruité

**4 personnes**

## INGRÉDIENTS

2 morceaux de collier d'agneau de 225 g chacun
1 cuil. à soupe d'huile d'olive
1/2 oignon, finement émincé
1 gousse d'ail, hachée
2,5 cm de gingembre frais, râpé
5 cuil. à soupe de jus de pomme

3 cuil. à soupe de compote de pommes
1 cuil. à soupe de sucre brun
1 cuil. à soupe de ketchup
1/2 cuil. à café de moutarde douce
sel et poivre

feuilles de salade verte, croûtons et pain frais, en accompagnement

1 Placer chaque morceau d'agneau sur un grand morceau de papier d'aluminium en double épaisseur. Saler et poivrer.

2 Faire chauffer l'huile dans une petite casserole et faire fondre doucement l'oignon et l'ail pendant 2 à 3 minutes. Ajouter le gingembre râpé et faire revenir encore 1 minute en remuant de temps en temps.

3 Incorporer le jus et la compote de pommes, le sucre, le ketchup et la moutarde et porter à ébullition. Laisser bouillir 10 minutes, jusqu'à ce que le mélange réduise de moitié. Remuer pour que la sauce ne brûle pas et n'attache pas.

4 Verser la moitié de la sauce sur l'agneau, puis envelopper complètement la viande dans le papier d'aluminium. Faire cuire les papillotes au barbecue sur des braises chaudes environ 25 minutes, en les retournant de temps en temps.

5 Ouvrir les papillotes et verser un peu plus de sauce. Poursuivre la cuisson de la viande 15 à 20 minutes, jusqu'à ce qu'elle soit complètement cuite.

6 Disposer l'agneau sur une planche à découper, le retirer du papier d'aluminium et le découper en tranches épaisses. Disposer sur des assiettes et napper avec le reste de la sauce. Servir avec des feuilles de salade verte, des croûtons et du pain frais.

# Noisettes d'agneau à la sauce tomate

### 4 personnes

## INGRÉDIENTS

8 noisettes d'agneau

4 feuilles de basilic

2 cuil. à soupe d'huile d'olive

zeste râpé et jus d'un demi-citron
vert

1 brin de basilic frais,
en garniture

sel et poivre

feuilles de salade,
en accompagnement

SAUCE

6 tomates

4 feuilles de basilic

8 olives vertes farcies

1 cuil. à soupe de jus
de citron vert

1 pincée de sucre semoule
(très fin)

1 Mettre les noisettes d'agneau dans un plat non métallique peu profond. Ciseler les feuilles de basilic et en parsemer l'agneau.

2 Arroser l'agneau avec l'huile et le jus de citron vert en filet et ajouter le zeste de citron. Saler et poivrer. Couvrir et laisser mariner au moins 1 heure au réfrigérateur, une nuit si possible.

3 Pour préparer la sauce, monder les tomates en pratiquant une petite incision en croix au niveau de la tige. Les plonger 30 secondes dans de l'eau bouillante. Retirer à l'aide d'une écumoire puis enlever la peau.

4 Couper les tomates en deux, enlever et jeter les pépins. Découper la chair des tomates en cubes. Ciseler les feuilles de basilic. Hacher les olives. Mélanger les tomates, le basilic, les olives, le jus de citron vert et le sucre dans un bol et laisser reposer au moins 1 heure.

5 Retirer l'agneau de la marinade et réserver celle-ci pour la cuisson. Faire cuire au barbecue 10 à 15 minutes, sur des braises très chaudes, en les retournant une fois et en les badigeonnant avec la marinade.

6 Garnir d'un brin de basilic et servir avec la sauce tomate et des feuilles de salade.

# *Porc antillais*

### 4 personnes

## INGRÉDIENTS

| | | |
|---|---|---|
| 4 côtes de porc | 1/2 cuil. à café de cannelle | 4 cuil. à soupe de raisins secs |
| 4 cuil. à soupe de sucre | en poudre | 4 cuil. à soupe de cacahuètes |
| de canne brun | mesclun, en accompagnement | ou de noix de cajou, grillées |
| 4 cuil. à soupe de jus d'orange | | sel et poivre |
| ou d'ananas | RIZ À LA NOIX DE COCO | 2 cuil. à soupe de noix de coco |
| 2 cuil. à soupe de rhum jamaïcain | 225 g de riz basmati | déshydratée râpé, grillée |
| 1 cuil. à soupe de noix de coco | 450 ml d'eau | |
| déshydratée râpée | 150 ml de lait de coco | |

1 Dégraisser le porc et le mettre dans un plat non métallique peu profond.

2 Mélanger le sucre, le jus de fruit, le rhum, la noix de coco et la cannelle dans un bol et remuer jusqu'à dissolution du sucre. Verser la sauce sur le porc et laisser mariner au moins 2 heures au réfrigérateur.

3 Retirer le porc de la marinade et réserver celle-ci pour la cuisson.

Faire cuire au barbecue 15 à 20 minutes, sur des braises très chaudes, en les badigeonnant avec la marinade.

4 Entre-temps, préparer le riz à la noix de coco. Rincer le riz sous l'eau froide, le mettre dans une casserole avec l'eau et le lait de coco et porter doucement à ébullition. Remuer, couvrir et baisser le feu. Laisser mijoter 12 minutes à feu doux,

jusqu'à ce que le riz soit tendre et le liquide absorbé. Aérer à la fourchette.

5 Incorporer au riz les raisins secs et les cacahuètes ou les noix de cajou. Saler, poivrer et parsemer de noix de coco. Transférer le porc et le riz dans des assiettes chaudes et servir avec du mesclun.

# Jambon aux pommes épicées

### 4 personnes

## INGRÉDIENTS

4 tranches de jambon de 175 g

1 à 2 cuil. à café de moutarde
à l'ancienne

1 cuil. à soupe de miel

2 cuil. à soupe de jus de citron

1 cuil. à soupe d'huile de tournesol

ANNEAUX DE POMME

2 pommes vertes à couteau

2 cuil. à café de sucre roux
cristallisé

1/2 de cuil. à café de noix
muscade en poudre

1/2 de cuil. à café de cannelle

1/2 de cuil. à café de poivre
de la Jamaïque en poudre

1 à 2 cuil. à soupe de beurre, fondu

1 Pratiquer quelques incisions aux ciseaux autour des tranches de jambon pour éviter qu'elles se tordent à la cuisson. Napper d'une petite quantité de moutarde à l'ancienne.

2 Mélanger le miel, le jus de citron et l'huile dans un bol.

3 Pour préparer les anneaux de pomme, évider et couper les pommes en rondelles épaisses. Mélanger le sucre et les épices et y déposer les pommes. Recouvrir les deux faces de cette préparation.

4 Cuire le jambon 3 à 4 minutes de chaque côté au barbecue, au-dessus de braises ardentes. Le badigeonner souvent de la préparation au miel et au jus de citron pour éviter qu'il dessèche pendant la cuisson.

5 Badigeonner les rondelles de pomme d'un peu de beurre fondu et cuire 3 à 4 minutes au barbecue à côté du porc, en les retournant une fois et en les enduisant de beurre fondu.

6 Servir les rondelles de pomme en garniture.

## CONSEIL

*Si vous en avez le temps, dessalez le jambon avant la cuisson, en le laissant tremper de 30 minutes à 1 heure dans l'eau froide.*

# Brochettes de porc aux pommes

### 4 brochettes

## INGRÉDIENTS

450 g de filet mignon de porc
2 pommes
jus d'un petit citron
1 citron
2 cuil. à café de moutarde de Dijon

2 cuil. à soupe de jus de pomme
  ou d'orange
2 cuil. à soupe d'huile de tournesol
pain complet,
  en accompagnement

SAUCE À LA MOUTARDE
1 cuil. à soupe de moutarde
  à l'ancienne
1 cuil. à café de moutarde de Dijon
6 cuil. à soupe de crème légère

1 Pour préparer la sauce, mélanger dans une jatte les deux moutardes et incorporer progressivement la crème. Laisser reposer.

2 Couper le filet de porc en cubes et réserver.

3 Épépiner les pommes, les couper en quartiers et les arroser de jus de citron pour les empêcher de noircir. Couper le citron en rondelles.

4 Piquer le porc, les pommes et les rondelles de citron sur 4 brochettes en métal ou en bambou.

5 Mélanger la moutarde de Dijon, le jus de pomme ou d'orange et l'huile de tournesol. Arroser les brochettes de ce mélange et les griller au barbecue 10 à 15 minutes, jusqu'à ce qu'elles soient complètement cuites, en les retournant et en les arrosant régulièrement avec le mélange.

6 Disposer les brochettes dans des assiettes chaudes et les napper de sauce à la moutarde. Servir avec du pain complet frais.

## CONSEIL

*Il existe de nombreuses sortes de moutarde, dont la moutarde anglaise, très forte, de Dijon, au goût moyennement épicé, et à l'ancienne qui contient des grains de moutarde. Elle peut également être aromatisée au miel et au piment.*

# Travers de porc à la sauce aux prunes

### 4 à 6 personnes

## INGRÉDIENTS

900 g de travers de porc
2 cuil. à soupe d'huile
   de tournesol
1 cuil. à café d'huile de sésame
2 gousses d'ail, hachées

2,5 cm de gingembre frais, râpé
150 ml de sauce aux prunes
2 cuil. à soupe de xérès sec
2 cuil. à soupe de sauce hoisin
2 cuil. à soupe de sauce de soja

4 à 6 oignons verts, en garniture
   (facultatif)

1 Pour préparer la garniture, couper les oignons verts en tronçons de 7,5 cm environ. Effiler les extrémités en lanières sans aller jusqu'au bout.

2 Mettre les oignons dans un bol d'eau glacée au moins 30 minutes, jusqu'à ce que les extrémités commencent à se recourber. Les laisser dans l'eau et réserver.

3 Découper éventuellement le travers de porc en morceaux. Porter une grande casserole d'eau à ébullition et y plonger les travers. Blanchir 5 minutes et égoutter.

4 Faire chauffer l'huile de sésame et de tournesol dans une casserole, ajouter l'ail et le gingembre et faire cuire 1 à 2 minutes à feu doux. Incorporer la sauce aux prunes, le xérès, la sauce hoisin et la sauce de soja, et réchauffer.

5 Badigeonner les travers de porc avec cette sauce. Faire cuire 5 à 10 minutes au barbecue, sur des braises très chaudes, puis les déplacer vers un endroit moins chaud de la grille. Poursuivre la cuisson 15 à 20 minutes, en les badigeonnant de sauce. Garnir avec les oignons verts et servir très chaud.

## CONSEIL

*Précuire les travers à l'eau bouillante les dégraisse et les empêche d'éclater pendant la cuisson. Ne soyez pas rebuté par la quantité requise, il y a peu de viande par morceau ; de plus, ils sont relativement bon marché.*

# Brochettes de porc aux fruits

### 4 brochettes

## INGRÉDIENTS

| | | |
|---|---|---|
| 4 côtelettes de porc désossées | MARINADE | sel et poivre |
| 8 prunes prêtes à consommer | 4 cuil. à soupe de jus d'orange | |
| 8 abricots secs prêts à consommer | 2 cuil. à soupe d'huile d'olive | |
| rondelles d'orange et de citron, en garniture | 1 cuil. à café de feuilles de laurier en poudre | |

1 Dégraisser la viande et la découper en cubes réguliers.

2 Mettre le porc dans un grand plat non métallique et ajouter les prunes et les abricots.

3 Pour préparer la marinade, mélanger le jus d'orange, l'huile, les feuilles de laurier, le sel et le poivre dans un bol.

4 Verser la marinade sur le porc et les fruits et bien mélanger. Laisser mariner au moins 1 heure au réfrigérateur, une nuit si possible.

5 Tremper 4 brochettes en bois dans l'eau froide pour éviter qu'elles ne brûlent sur le barbecue.

6 Retirer le porc et les fruits de la marinade à l'aide d'une écumoire. Réserver la marinade pour la cuisson. Piquer le porc et les fruits sur les brochettes.

7 Cuire les brochettes 10 à 15 minutes au barbecue, sur des braises très chaudes, jusqu'à ce que le porc soit bien cuit. Les retourner et les badigeonner souvent avec la marinade réservée.

8 Transférer le porc et les fruits sur des assiettes chaudes. Garnir de rondelles d'orange et de citron et servir très chaud.

# Travers de porc épicé

### 4 à 6 personnes

## INGRÉDIENTS

| | | |
|---|---|---|
| 900 g de travers de porc | 1 gousse d'ail, hachée | 1 cuil. à café de sauce au piment |
| 150 ml de coulis de tomates | 1 cuil. à café de thym séché | feuilles de mesclun, |
| 2 cuil. à soupe de vinaigre de vin | 1/2 cuil. à café de romarin séché | en accompagnement |
| 2 cuil. à soupe de sucre de canne brun | piments rouges, en garniture (facultatif) | |

1 Découper éventuellement le travers de porc en morceaux à l'aide d'un couteau tranchant.

2 Porter une casserole d'eau à ébullition et y plonger les travers. Faire cuire 10 minutes et égoutter. Mettre les travers dans un plat non métallique peu profond.

3 Pour préparer la sauce épicée, bien mélanger dans une terrine le coulis de tomates, le vinaigre de vin rouge, le sucre, l'ail, le thym et le romarin séchés, et la sauce au piment.

4 Verser la sauce sur les travers et remuer. Laisser mariner 1 heure.

5 Sortir les travers de la sauce et réserver celle-ci pour la cuisson. Faire cuire les travers 5 à 10 minutes au barbecue, sur des braises très chaudes, puis les déplacer vers un endroit moins chaud de la grille. Poursuivre la cuisson 15 à 20 minutes, en retournant et en badigeonnant fréquemment les travers avec la sauce.

6 Transférer les travers sur des assiettes chaudes et garnir de piments rouges (facultatif). Servir éventuellement avec des feuilles de mesclun.

## CONSEIL

*Pour réussir d'authentiques travers à l'américaine, veillez à acheter du travers de porc et non du plat de côtes. Le travers est souvent vendu à l'unité, mais si vous n'en trouvez pas, il est facile de le découper à l'aide d'un couteau tranchant.*

# Brochettes de jambon et d'ananas

### 4 brochettes

## INGRÉDIENTS

1 tranche épaisse de jambon
de 450 g
425 g de morceaux d'ananas
en boîte, au naturel
2 cuil. à soupe d'huile de tournesol

225 g de brie ferme, réfrigéré,
ou d'emmenthal
1 cuil. à soupe de jus de citron
1/2 cuil. à café de noix muscade
en poudre

1/4 de cuil. à café de clous
de girofle en poudre
poivre
1 gousse d'ail, hachée
riz cuit, en accompagnement

1 Découper le jambon en cubes réguliers.

2 Mettre le jambon dans une casserole d'eau bouillante et laisser mijoter 5 minutes.

3 Égoutter l'ananas et réserver 3 cuillerées à soupe du jus. Découper le fromage en cubes.

4 Pour préparer le glaçage, mettre dans un petit bocal avec couvercle le jus d'ananas, l'huile, l'ail, le jus de citron, la noix muscade, les clous de girofle et le poivre. Agiter pour bien mélanger. Réserver.

5 Retirer le jambon de la casserole à l'aide d'une écumoire. Piquer le jambon sur des brochettes, en alternant avec les morceaux d'ananas et de fromage.

6 Faire cuire les brochettes 2 à 4 minutes de chaque côté au barbecue, sur des braises chaudes, en les retournant et en les badigeonnant fréquemment avec le glaçage. Faire cuire les brochettes jusqu'à ce que l'ananas et le jambon soient brûlants et que le fromage commence juste à fondre. Servir les brochettes sur un lit de riz cuit.

## CONSEIL

*Faites cuire les brochettes au barbecue juste le temps de réchauffer le jambon et de faire tiédir l'ananas. Veillez à ne pas trop prolonger la cuisson, sinon le plat sera collant : le fromage doit juste commencer à fondre.*

# Côtelettes de porc au miel

4 personnes

## INGRÉDIENTS

4 côtelettes de porc maigres

4 cuil. à soupe de miel liquide

1 cuil. à soupe de xérès sec

4 cuil. à soupe de jus d'orange

2 cuil. à soupe d'huile d'olive

sel et poivre

2,5 cm de gingembre frais, râpée

1 Saler et poivrer les côtelettes de porc. Réserver pendant la préparation du glaçage.

2 Pour préparer le glaçage, mélanger le miel, le xérès, le jus d'orange, l'huile et le gingembre dans une petite casserole et faire cuire, sans cesser de remuer, jusqu'à obtention d'une consistance homogène.

3 Faire cuire les côtelettes 5 minutes de chaque côté au barbecue sur une grille huilée, sur des braises très chaudes.

4 Les badigeonner souvent avec le glaçage et poursuivre la cuisson 2 à 4 minutes de chaque côté.

5 Les transférer sur des assiettes chaudes et servir immédiatement.

## CONSEIL

*Pour donner un peu de piquant à cette recette, ajoutez 1/2 cuillerée à café de sauce au piment ou 1 cuillerée à soupe de moutarde à l'ancienne au glaçage.*

## VARIANTE

*Vous pouvez procéder de même avec des côtes d'agneau ou du poulet (cuisses ou pilons). Faites cuire la viande au barbecue comme indiqué dans cette recette, en la badigeonnant souvent de glaçage, pour un résultat tout aussi délicieux !*

# Saucisses à la sauce barbecue

### 4 personnes

## INGRÉDIENTS

2 cuil. à soupe d'huile de tournesol
1 gros oignon, haché
2 gousses d'ail, hachées
225 g de tomates concassées
    en boîte
1 cuil. à soupe de sauce Worcester
1 trait de Tabasco

2 cuil. à soupe de chutney
    aux fruits
2 cuil. à soupe de sucre
    de canne blond
4 cuil. à soupe de vinaigre
    de vin blanc
450 g de saucisses

1/2 cuil. à café de poudre
    de piment doux
1/4 de cuil. à café de poudre
    de moutarde
sel et poivre
petits pains, en accompagnement

1 Pour préparer la sauce, chauffer l'huile dans une petite casserole et y faire fondre et blondir l'oignon et l'ail 4 à 5 minutes.

2 Ajouter les tomates, la sauce Worcester, le chutney, le sucre, le vinaigre de vin, les poudres de piment et de moutarde, le Tabasco, le sel et le poivre et porter à ébullition.

3 Réduire le feu et laisser mijoter 10 à 15 minutes jusqu'à ce que la sauce épaississe légèrement.

Remuer de temps en temps pour éviter que la sauce ne brûle et n'attache. Réserver au chaud.

4 Faire cuire les saucisses au barbecue 10 à 15 minutes, sur des braises très chaudes, en les retournant souvent. Ne pas les percer avec une fourchette sinon le jus et la graisse pourraient enflammer les braises.

5 Mettre les saucisses dans les pains et servir avec la sauce barbecue.

## CONSEIL

*Utilisez des chipolatas ou des saucisses de Toulouse. Fixez les saucisses enroulées à l'aide de brochettes. Les saucisses de gibier ont une saveur plus corsée. Vous pouvez aussi utiliser du boudin noir en tranches ou des saucisses allemandes.*

# *Filet mignon de porc acidulé*

### 4 personnes

## INGRÉDIENTS

400 g de filet mignon de porc
3 cuil. à soupe de confiture
    d'orange
zeste et jus d'une orange
1 cuil. à soupe de vinaigre
    de vin blanc
quelques gouttes de Tabasco

sel et poivre

SAUCE
1 cuil. à soupe d'huile d'olive
1 petit oignon, émincé
1 petit poivron vert, épépiné
    et coupé en fines lanières

1 cuil. à soupe de maïzena
150 ml de jus d'orange

ACCOMPAGNEMENT
riz cuit
mesclun

1 Chemiser un plat peu profond de papier d'aluminium en double épaisseur. Disposer le filet mignon au centre, saler et poivrer.

2 Faire chauffer la confiture, le zeste et le jus d'orange, le vinaigre et le Tabasco dans une casserole, sans cesser de remuer jusqu'à ce que la confiture soit fondue.

3 Verser la préparation sur le porc et envelopper le tout dans le papier d'aluminium en veillant à ce que la papillote soit bien fermée pour que le jus ne s'écoule pas. Placer sur des braises chaudes et cuire 25 minutes en retournant.

4 Pour préparer la sauce, faire chauffer l'huile et faire revenir l'oignon 2 à 3 minutes. Ajouter le poivron et faire revenir 3 à 4 minutes.

5 Retirer le porc de la papillote et le placer sur la grille. Recueillir le jus de la papillote et le verser dans la casserole avec la sauce.

6 Faire cuire le porc au gril 10 à 20 minutes en le retournant, jusqu'à ce qu'il soit bien cuit et doré.

7 Dans un bol, délayer la maïzena dans un peu de jus d'orange pour former une pâte. L'ajouter à la sauce avec le reste du jus de cuisson. Chauffer en remuant jusqu'à épaississement.

8 Couper le porc en tranches, napper avec la sauce et servir avec du riz et du mesclun.

# Brochettes de porc à la sauge

### 12 brochettes

## INGRÉDIENTS

450 g de porc, haché

25 g de chapelure

1 petit oignon, très finement haché

1 cuil. à soupe de sauge fraîche, hachée

2 cuil. à soupe de compote de pommes

sel et poivre

1/4 de cuil. à café de noix muscade en poudre

GLAÇAGE

3 cuil. à soupe d'huile d'olive

1 cuil. à soupe de jus de citron

ACCOMPAGNEMENT

6 petits pains pita

feuilles de mesclun

6 cuil. à soupe de yaourt nature épais

1 .Mettre la viande dans une terrine avec la chapelure, l'oignon, la sauge, la compote de pommes, la noix muscade, le sel et le poivre. Mélanger jusqu'à obtention d'une consistance homogène.

2 Former des boulettes de la taille de grosses billes, avec les mains, et réserver au réfrigérateur au moins 30 minutes.

3 Entre-temps, tremper 12 petites brochettes en bois 30 minutes au moins dans de l'eau froide. Piquer les boulettes de viande sur les brochettes.

4 Pour le glaçage, mélanger dans un bol l'huile et le jus de citron et fouetter à la fourchette jusqu'à consistance homogène.

5 Faire cuire les brochettes 8 à 10 minutes au barbecue, sur des braises très chaudes, jusqu'à ce qu'elles soient dorées et bien cuites. Les retourner et les badigeonner souvent avec le glaçage à l'huile et au citron.

6 Garnir les pains pita de feuilles de mesclun et napper de yaourt. Servir avec les brochettes.

## VARIANTE

*Donnez à la préparation la forme de steaks hachés. Laissez reposer au frais 20 minutes au moins, faites cuire 15 minutes en les enduisant de glaçage, et en les retournant une fois. Servez avec un peu de compote de pommes.*

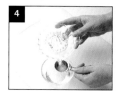

# Brochettes de bœuf et de rognons

### 4 brochettes

## INGRÉDIENTS

350 g de rumsteck
2 rognons d'agneau
1 petit oignon, émincé
1/2 cuil. à café de romarin séché
150 ml de bière brune

8 champignons de Paris
8 feuilles de laurier
4 cuil. à soupe d'huile
de tournesol

ACCOMPAGNEMENT
riz cuit
tomates cerises

1 À l'aide d'un couteau tranchant, couper le bœuf en cubes réguliers.

2 Couper les rognons en deux et retirer la membrane. Retirer le noyau graisseux et couper à nouveau en deux.

3 Mettre les steaks et les rognons dans un plat non métallique peu profond.

4 Ajouter les oignons et le romarin et arroser de bière. Couvrir et laisser mariner au moins 4 heures au réfrigérateur, et une nuit si possible.

5 Retirer la viande de la marinade. Réserver 4 cuillerées à soupe de marinade pour la cuisson.

6 Piquer les morceaux de bœuf et de rognons sur des brochettes, en alternant avec les champignons et les feuilles de laurier.

7 Incorporer l'huile dans la marinade réservée. Faire cuire les brochettes 8 à 10 minutes au barbecue, sur des braises très chaudes, en les badigeonnant avec la marinade et en les retournant. Attention de ne pas trop cuire les rognons.

8 Servir sur un lit de riz cuit et quelques tomates cerises.

## CONSEIL

*Pour gagner du temps, faites mariner les brochettes la veille, dans un plat peu profond, et retournez-les de temps en temps pour qu'elles s'imprègnent bien de marinade.*

# Brochettes d'agneau et de saucisses grillées

## 4 personnes

### INGRÉDIENTS

225 g de filet d'agneau
4 rognons d'agneau
4 saucisses épaisses
8 tranches de lard, pas trop
    maigre, découenné

GLAÇAGE
4 cuil. à soupe d'huile d'olive
2 cuil. à soupe de jus de citron
1 cuil. à soupe de fines herbes
    fraîches, hachées

ACCOMPAGNEMENT
2 grosses tomates
4 champignons plats

1 Couper l'agneau en cubes réguliers. Enlever la membrane et le noyau graisseux des rognons et les couper en quatre.

2 Tordre les saucisses en leur centre et les couper en deux.

3 Étirer les tranches de lard avec le dos d'un couteau.

4 Envelopper les saucisses de lard ou rouler le lard seul. Piquer les morceaux d'agneau, les saucisses, le lard et les rognons sur des brochettes.

5 Pour faire le glaçage, mélanger l'huile, le jus de citron et les fines herbes. Réserver.

6 Faire cuire les brochettes 8 à 10 minutes au barbecue, sur des braises très chaudes. Les retourner et les badigeonner souvent de marinade.

7 Couper les tomates et les champignons en gros morceaux et les piquer sur d'autres brochettes. Faire cuire les brochettes de légumes 5 minutes au barbecue à côté de la viande. Les retourner et les arroser fréquemment.

8 Transférer les brochettes sur des assiettes et servir chaud avec les brochettes de tomates et de champignons.

## CONSEIL

*Vous pouvez cuire tous les éléments de ce plat sur la grille. Toutefois, il vous sera plus facile et rapide de les retourner et de les badigeonner sous forme de brochettes.*

# Brochettes de foie et d'oignons

### 4 brochettes

## INGRÉDIENTS

350 g de foie d'agneau
2 cuil. à soupe de farine
assaisonnée
1/2 cuil. à café de fines herbes
séchées

125 g de lard, pas trop maigre,
découenné
2 oignons moyens
2 cuil. à café de vinaigre
balsamique

75 g de beurre

ACCOMPAGNEMENT
feuilles de mesclun
quartiers de tomates

1 Couper le foie d'agneau en cubes. Mélanger la farine avec les fines herbes séchées et en enrober le foie.

2 Étirer le lard avec le dos d'un couteau. Couper chaque tranche de lard en deux et en envelopper la moitié des cubes de foie.

3 Piquer les morceaux de foie sur des brochettes en alternant avec les morceaux de foie enveloppés de lard.

4 Couper les oignons en rondelles et les piquer sur les brochettes. Émincer finement les rondelles d'oignons trop petites pour être mis sur les brochettes.

5 Chauffer le beurre dans une petite casserole et y faire fondre les oignons émincés environ 5 minutes. Incorporer le vinaigre.

6 Badigeonner les brochettes avec le beurre aux oignons et cuire 8 à 10 minutes au barbecue, sur des braises très chaudes, en continuant à les badigeonner, jusqu'à ce que le foie soit juste cuit mais encore rose au cœur (selon son goût).

7 Transférer les brochettes sur des assiettes. Servir avec des feuilles de mesclun et des tomates.

## CONSEIL

*Choisissez des tranches de foie épaisses pour faire de gros morceaux. Enveloppez de lard 2 à 3 morceaux de foie plus minces si besoin.*

# Légumes & salades

Que les végétariens se rassurent : de très nombreux
légumes peuvent être cuits au barbecue.
Essayez les brochettes de légumes colorées, les burgers
de riz aux noix, les saucisses végétariennes ou encore
les délicieuses brochettes de tofu (lait de soja caillé)
mariné. Faites cuire les légumes entiers, émincés sur
des brochettes ou en botte, et servez-les en
accompagnements ou en plats principaux.

Faites plaisir à vos convives en leur proposant
des légumes à grignoter en attendant le plat principal :
coques de pommes de terre croustillantes, pain à l'ail
ou bruschetta à la méditerranéenne par exemple.
Les champignons et tomates farcis sont des entrées idéales
pour vos convives végétariens.

Si vous manquez d'inspiration pour accompagner
vos plats grillés, ne cherchez pas plus loin.
Toutes les salades présentées ici se marient bien
avec les plats cuits au barbecue et constituent d'excellentes
entrées. Certaines se préparent à l'avance, comme la
salade de poires et de roquefort et la salade d'artichaut
et de jambon de Parme (prosciutto).

# Brochettes de tofu

### 4 personnes

## INGRÉDIENTS

350 g de tofu
1 poivron rouge
1 poivron jaune
2 courgettes
8 champignons de Paris

rondelles de citron, pour garnir

MARINADE
zeste râpé et jus d'un demi-citron
1 gousse d'ail, hachée

1/2 cuil. à café de romarin haché
1/2 cuil. à café de thym haché
1 cuil. à soupe d'huile de noix

1 Pour la marinade, mélanger le zeste, le jus de citron, l'ail, le romarin, le thym et l'huile dans un plat creux.

2 Égoutter le tofu, l'éponger avec du papier absorbant et le couper en cubes à l'aide d'un couteau tranchant. Plonger ces cubes dans la marinade et remuer jusqu'à ce qu'ils soient uniformément imprégnés. Laisser mariner 20 à 30 minutes.

3 Épépiner les poivrons et les couper en petits morceaux d'environ 2,5 cm.

Les faire blanchir à l'eau bouillante 4 minutes. Faire refroidir sous l'eau froide et égoutter.

4 À l'aide d'un couteau à canneler ou d'un économe, retirer de fine lanières de peau sur les courgettes. Découper les courgettes en dés de 2,5 cm.

5 Retirer le tofu de la marinade, en réservant celle-ci. Piquer les dés de tofu sur les 8 brochettes, en alternant avec le poivron, la courgette et les champignons de Paris.

6 Faire cuire les brochettes au barbecue environ 6 minutes, sur des braises modérément chaudes, en les retournant et les arrosant avec la marinade.

7 Disposer dans des assiettes, garnir de rondelles de citron et servir.

## VARIANTE

*Pour un plat plus épicé, proposez 1 cuillerée à soupe de pâte de curry, 2 cuillerées à soupe d'huile et le jus d'un demi-citron en garniture.*

# Coques de pommes de terre

### 4 à 6 personnes

## INGRÉDIENTS

| | |
|---|---|
| 8 petites pommes de terre, brossées | GARNITURE FACULTATIVE |
| 50 g de beurre, fondu | 6 oignons verts, émincés |
| sel et poivre | 50 g de salami, en julienne |
| | 50 g de gruyère, râpé |

1 Préchauffer le four à 200 °C (th. 6). Piquer les pommes de terre avec une fourchette et cuire 1 heure jusqu'à ce qu'elles soient tendres. Il est aussi possible de les cuire 12 à 15 minutes au micro-ondes à pleine puissance.

2 Couper les pommes de terre en deux et évider la chair, en laissant une épaisseur de 5 mm sur la peau.

3 Badigeonner l'intérieur des pommes de terre avec du beurre fondu.

4 Mettre les coques, côté coupé au-dessous sur des braises chaudes et cuire 10 à 15 minutes. Retourner les pommes de terre et laisser cuire encore 5 minutes, jusqu'à ce qu'elles soient croustillantes. Attention de ne pas les laisser brûler.

5 Saler, poivrer les coques de pommes de terre et servir chaud.

6 Selon les goûts, garnir les coques de différentes garnitures. Faire cuire les pommes de terre 10 minutes au barbecue comme indiqué précédemment, les retourner et les parsemer de rondelles d'oignons verts, de gruyère râpé et de salami émincé. Poursuivre la cuisson 5 minutes, jusqu'à ce que le fromage commence à fondre. Servir très chaud.

## CONSEIL

*Elles peuvent êtres servies nature, mais sont succulentes avec une sauce. Essayez une sauce tomate épicée ou un houmous.*

# Patates douces grillées

## 4 personnes

### INGRÉDIENTS

| | | |
|---|---|---|
| 450 g de patates douces | 2 cuil. à soupe d'huile de tournesol | 1 cuil. à café de sauce au piment sel et poivre |

1 Porter une casserole d'eau à ébullition, y plonger les patates douces et les faire cuire à moitié 10 minutes. Bien les égoutter et les mettre sur une planche à découper.

2 Éplucher les patates avant de les couper en rondelles épaisses.

3 Dans un bol, mélanger l'huile avec la sauce pimentée, saler et poivrer.

4 Badigeonner une face des rondelles de patates douces avec le mélange d'huile et de sauce pimentée, puis mettre les rondelles au barbecue sur des braises moyennement chaudes, côté huilé au-dessous. Laisser cuire 5 à 6 minutes.

5 Badigeonner la face supérieure des rondelles puis les retourner et laisser cuire au barbecue 5 minutes (elles doivent être bien dorées et croustillantes). Disposer les patates douces dans un plat chaud et servir.

## CONSEIL

*Ici on utilise des patates douces pour leur douceur et leur saveur. Leur utilisation est très variée, elles peuvent être bouillies, rôties, sautées, ou cuites au barbecue.*

## VARIANTE

*Une idée de sauce pour accompagner : mélangez 150 ml de crème aigre ou de crème fraîche avec 1/2 cuillerée à café de sucre, 1/2 cuillerée à café de moutarde de Dijon, saler, poivrer et réfrigérer.*

# Frites à l'ail

4 personnes

## INGRÉDIENTS

3 grosses pommes de terre, brossées

4 cuil. à soupe d'huile d'olive

25 g de beurre

2 gousses d'ail, émincées

1 cuil. à soupe de romarin haché

1 cuil. à soupe de persil haché

1 cuil. à soupe de thym haché

sel et poivre

1 Porter une grande casserole d'eau à ébullition et y faire cuire à moitié les pommes de terre 10 minutes. Égoutter les pommes de terre, les passer sous l'eau froide et bien égoutter à nouveau.

2 Mettre les pommes de terre sur une planche à découper. Une fois qu'elles ont suffisamment refroidi pour être manipulées, les couper en frites épaisses, sans les peler.

3 Faire chauffer l'huile et le beurre dans une petite casserole et faire revenir l'ail jusqu'à ce qu'il commence à dorer. Retirer du feu.

4 Incorporer les herbes dans la casserole puis saler et poivrer.

5 Badigeonner les frites de la préparation obtenue.

6 Faire cuire les frites au barbecue sur des braises chaudes 10 à 15 minutes (elles doivent être juste tendres), en les arrosant généreusement du reste de beurre à l'ail et aux fines herbes.

7 Mettre les frites dans un plat chaud pour les servir en entrée ou en accompagnement d'un plat principal.

## CONSEIL

*Il sera peut-être plus facile de faire cuire ces frites dans une grille articulée ou sur une plaque spéciale pour barbecue.*

# Saucisses végétariennes

## 8 saucisses

### INGRÉDIENTS

1 cuil. à soupe d'huile
de tournesol
1 petit oignon, émincé
50 g de champignons, émincés
1/2 poivron rouge, épépiné
et coupé en petits morceaux

400 g de haricots cannellini
en boîte, rincés et égouttés
100 g de chapelure fraîche
100 g de cheddar ou
d'emmenthal, râpé
1 cuil. à café de fines herbes
séchées

1 jaune d'œuf
farine, salée et poivrée
huile, pour badigeonner

ACCOMPAGNEMENT
petits pains ronds
rondelles d'oignon, poêlées

1 Faire chauffer l'huile dans une casserole et faire revenir l'oignon, les champignons et le poivron 5 minutes à feu doux sans cesser de remuer, pour les ramollir.

2 Écraser les haricots en purée dans une jatte à l'aide d'un presse-purée, puis y incorporer l'oignon, les champignons, le poivron, la chapelure, le fromage râpé, les fines herbes et le jaune d'œuf. Bien mélanger.

3 Tasser la préparation avec les doigts et la diviser en huit pour modeler les portions en forme de saucisse. Les rouler dans la farine pour bien les enrober, réserver au réfrigérateur au moins 30 minutes.

4 Faire cuire sur une feuille de papier aluminium huilé posée sur des braises moyennement chaudes. Faire cuire 15 à 20 minutes (elles doivent être bien dorées), en les retournant souvent pour les badigeonner d'huile.

5 Insérer des rondelles d'oignon poêlées et la saucisse au centre des pains.

## CONSEIL

*Prenez garde de ne pas casser les saucisses lorsque vous les retourner. Disposez-les éventuellement dans une lèchefrite huilée et arrosez-les souvent.*

# *Steaks de riz aux noix*

6 steaks

## INGRÉDIENTS

1 cuil. à soupe d'huile
    de tournesol
1 petit oignon, émincé
100 g de champignons, émincés
350 g de riz complet, cuit
100 g de chapelure
75 g de noix, pilées
1 œuf

1 cuil. à soupe de sauce
    Worcester
1 trait de sauce Tabasco
sel et poivre
huile, pour arroser
6 tranches de fromage, fondu
    (facultatif)

ACCOMPAGNEMENT
6 petits pains ronds aux graines
    de sésame
rondelles d'oignon
rondelles de tomate

1 Faire chauffer l'huile dans une casserole et faire fondre l'oignon 3 à 4 minutes. Ajouter les champignons et faire revenir 2 minutes.

2 Retirer la casserole du feu et incorporer le riz, la chapelure, les noix, l'œuf et les deux sauces, en remuant bien. Saler, poivrer et bien mélanger.

3 Séparer la préparation obtenue en 6 portions et les façonner en forme de steaks, en tassant bien avec les doigts pour que ceux-ci ne se défassent pas à la cuisson. Les mettre au réfrigérateur au moins 30 minutes.

4 Faire cuire les steaks au barbecue sur une grille huilée posée au-dessus de braises moyennement chaudes, 5 à 6 minutes de chaque côté. Les retourner une fois et les arroser régulièrement d'huile.

5 Disposer éventuellement une tranche de fromage sur chaque steak 2 minutes avant la fin de la cuisson. Faire cuire les rondelles d'oignon et de tomate 3 à 4 minutes sur le barbecue, pour les faire dorer.

6 Faire griller les petits pains aux graines de sésame sur le bord du barbecue puis servir les steaks dans les petits pains, accompagnés des oignons et des tomates grillés.

# Sandwiches d'aubergines et de mozzarella

## 2 personnes

### INGRÉDIENTS

1 grosse aubergine
1 cuil. à soupe de jus de citron
3 cuil. à soupe d'huile d'olive
125 g de mozzarella, émiettée

2 tomates séchées au soleil,
   concassées
sel et poivre

ACCOMPAGNEMENT
pain italien
feuilles de mesclun
rondelles de tomates

1 Couper l'aubergine en fines rondelles.

2 Mélanger dans un bol le jus de citron et l'huile. Saler et poivrer.

3 Badigeonner les rondelles d'aubergine avec l'huile au citron et faire cuire 2 à 3 minutes au barbecue, sur des braises chaudes, sans les retourner, jusqu'à ce que le dessous soit doré.

4 Retourner la moitié des rondelles d'aubergine et les parsemer de fromage et de tomates séchées.

5 Poser l'autre moitié des aubergines sur le fromage et les tomates, les retourner pour que la partie cuite se trouve sur le dessus.

6 Faire cuire 6 à 12 minutes au barbecue, puis retourner les sandwiches et poursuivre la cuisson 1 à 2 minutes. Badigeonner avec l'huile au citron.

7 Servir avec du pain italien, des feuilles de mesclun et des tomates.

## VARIANTE

*Remplacez la mozzarella par de la feta, mais dans ce cas, ne salez pas l'huile. Un fromage de chèvre crémeux est aussi succulent.*

# Aubergines grillées

### 4 personnes

## INGRÉDIENTS

| | | |
|---|---|---|
| 1 grosse aubergine | PISTOU | SAUCE AU CONCOMBRE |
| 3 cuil. à soupe d'huile d'olive | 1 gousse d'ail | 150 ml de yaourt nature |
| 1 cuil. à café d'huile de sésame | 25 g de pignons | 1 morceau de concombre |
| sel et poivre | 15 g de feuilles de basilic frais | de 5 cm |
| | 2 cuil. à soupe de parmesan râpé | 1/2 cuil. à café de sauce |
| | 6 cuil. à soupe d'huile d'olive | à la menthe |
| | sel et poivre | |

1 Retirer la queue de l'aubergine et la couper en 8 tranches dans le sens de la longueur.

2 Disposer les tranches en une seule couche dans un plat ou sur une planche et les saupoudrer largement de sel pour atténuer leur amertume. Laisser reposer.

3 Pour préparer le glaçage, mélanger l'huile d'olive et de sésame, saler, poivrer et réserver.

4 Pour le pistou, mixer l'ail, les pignons, le basilic et le fromage. Incorporer progressivement l'huile d'olive en un mince filet, en laissant tourner le mixeur. Saler.

5 Pour faire la sauce au concombre, mettre le yaourt dans une jatte. Évider le concombre, couper la chair en dés et les incorporer au yaourt avec la sauce à la menthe.

6 Rincer les tranches d'aubergine et les égoutter avec du papier absorbant pour les sécher. Les badigeonner avec le glaçage et les faire cuire sur des braises chaudes 10 minutes, en les retournant une fois. Elles doivent être bien dorées et tendres.

7 Mettre les tranches d'aubergine dans des assiettes chaudes et les servir avec de la sauce au concombre ou de la sauce au pistou.

# Tomates farcies

### 8 tomates farcies

## INGRÉDIENTS

| | | |
|---|---|---|
| 4 grosses tomates | 2 cuil. à soupe de persil frais haché | sel et poivre |
| 300 g de riz cuit | 3 cuil. à soupe de pignons | |
| 8 oignons verts, hachés | 3 cuil. à soupe de raisins secs | |
| 3 cuil. à soupe de menthe fraîche hachée | 2 cuil. à café d'huile d'olive | |

1 Couper les tomates en deux et les épépiner.

2 Poser quelques instants les tomates à l'envers sur du papier absorbant, pour les faire dégorger.

3 Retourner les tomates et saupoudrer l'intérieur de sel et de poivre.

4 Mélanger le riz, les oignons, la menthe, le persil, les pignons et les raisins secs. Farcir les demi-tomates avec la préparation obtenue.

5 Arroser les tomates farcies d'un filet d'huile d'olive et les mettre sur une grille huilée d'un barbecue. Faire cuire environ 10 minutes sur des braises chaudes, jusqu'à ce qu'elles soient tendres.

6 Transférer les tomates sur des assiettes et servir immédiatement.

## CONSEIL

*Les tomates sont un légume très apprécié dans les barbecues et cuisent très vite. Essayez de griller des rondelles de tomates et d'oignons badigeonnées d'huile et garnies d'herbes fraîches. Vous pouvez également piquer des tomates cerises sur des brochettes et les réchauffer 5 à 10 minutes au barbecue.*

# Brochettes de légumes multicolores

### 4 personnes

## INGRÉDIENTS

| | | |
|---|---|---|
| 1 poivron rouge, épépiné | 100 g de champignons sauvages | 1/2 cuil. à café de fines herbes ou |
| 1 poivron jaune, épépiné | | d'herbes de Provence séchées |
| 1 poivron vert, épépiné | HUILE AROMATISÉE | |
| 1 petit oignon | 6 cuil. à soupe d'huile d'olive | |
| 8 tomates cerises | 1 gousse d'ail, hachée | |

1 Couper les poivrons en morceaux de 2,5 cm.

2 Peler l'oignon et le couper en quartiers, en conservant la base afin d'éviter que les quartiers se défassent.

3 Piquer les poivrons, les quartiers d'oignons, les tomates et les champignons sur des brochettes, en alternant les poivrons rouge, jaune et vert.

4 Pour préparer l'huile aromatisée, mélanger l'huile, l'ail et les herbes dans un bol. Badigeonner généreusement les brochettes avec cette préparation.

5 Faire cuire les brochettes 10 à 15 minutes au barbecue, sur des braises chaudes. Les badigeonner d'huile aromatisée et les retourner fréquemment.

6 Transférer les brochettes sur des assiettes chaudes. Servir éventuellement accompagné de sauce aux noix (*voir* conseil ci-contre).

## CONSEIL

*Accompagnées d'une sauce aux noix, ces brochettes sont excellentes. Pour faire la sauce, mixez 125 g de noix dans un robot de cuisine jusqu'à obtention d'une pâte homogène. Sans arrêter le robot, ajoutez 150 ml de crème fraîche et 1 cuillerée à soupe d'huile d'olive. Salez et poivrez. Vous pouvez également concasser les noix et les piler dans un mortier. Lorsque vous avez obtenu une pâte, incorporez la crème et l'huile et assaisonnez.*

# Assortiment de légumes au barbecue

### 4 à 6 personnes

## INGRÉDIENTS

8 jeunes aubergines
4 courgettes
2 oignons rouges
4 tomates
sel et poivre

1 cuil. à café de vinaigre
balsamique

POUR ARROSER
75 g de beurre

2 cuil. à café d'huile de noix
2 gousses d'ail, émincées
4 cuil. à soupe de vin blanc sec
ou de cidre

1 Commencer par préparer les légumes : couper les aubergines et les tomates en deux, ébouter les courgettes et les couper en deux dans le sens de la longueur et couper l'oignon en grosses rondelles.

2 Saler et poivrer tous les légumes à son goût.

3 Pour faire la sauce, faire fondre le beurre et l'huile dans une casserole et faire revenir l'ail 1 à 2 minutes à feu doux. Retirer la casserole du feu et incorporer le vin ou le cidre.

4 Mettre les légumes dans la casserole et bien les remuer pour qu'ils s'enrobent de la sauce. Si nécessaire, effectuer cette opération en plusieurs fois pour que tous les légumes soient bien imprégnés.

5 Sortir les légumes de la casserole et réserver le reste de sauce. Disposer les légumes sur une grille huilée posée sur des braises à chaleur moyenne et les faire griller 15 à 20 minutes, en les arrosant avec le reste de sauce et en les retournant une ou deux fois pendant la cuisson.

6 Disposer les légumes dans des assiettes chaudes et arroser d'un peu de vinaigre balsamique avant de servir.

## CONSEIL

*Utilisez un pinceau à long manche pour arroser la viande.*

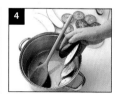

# Champignons farcis

### 12 champignons farcis

## INGRÉDIENTS

| | | |
|---|---|---|
| 12 gros champignons de couche | 4 cuil. à café d'huile d'olive | 1 cuil. à café d'origan frais haché |
| 4 oignons verts, émincés | 100 g de chapelure blonde | 100 g de cantal affiné |

1 Laver les champignons et les essuyer avec du papier absorbant. Retirer et hacher finement les pieds.

2 Faire revenir les pieds des champignons avec les oignons verts dans 2 cuillerées à café d'huile d'olive.

3 Dans une jatte, mélanger les pieds des champignons, les oignons verts, la chapelure et l'origan. Réserver.

4 Émietter le cantal dans une petite jatte puis l'ajouter à la préparation précédente. Bien mélanger. À l'aide d'une cuillère, fourrer les chapeaux des champignons avec la garniture obtenue.

5 Répartir l'huile d'olive restante sur les champignons. Disposer sur la grille huilée d'un barbecue et faire cuire sur des braises pas trop chaudes pendant 10 minutes, jusqu'à ce que les champignons soient cuits.

6 Disposer les champignons dans les assiettes et servir chaud.

## CONSEIL

*Si vous utilisez de petits champignons, mettez un peu d'huile sur la grille du barbecue couverte de papier d'aluminium et faites cuire les champignons. Cela évitera que les champignons ne cuisent trop vite ou ne brûlent, et que la farce ne s'en s'écoule.*

# Épis de maïs au beurre persillé

### 4 personnes

## INGRÉDIENTS

4 épis de maïs avec les feuilles
100 g de beurre
1 cuil. à soupe de persil haché

1 cuil. à café de ciboulette
hachée
1 cuil. à café de thym haché

zeste râpé d'un citron
sel et poivre

1 Pour préparer les épis de maïs, déplier les feuilles et retirer les barbes.

2 Replier ensuite les feuilles sur les grains et faire tenir le tout ensemble à l'aide d'une ficelle si nécessaire.

3 Blanchir les épis de maïs dans une grande casserole d'eau bouillante 5 minutes, puis les retirer à l'aide d'une écumoire et bien les égoutter.

4 Faire cuire les épis de maïs au barbecue, sur des braises moyennement chaudes, 20 à 30 minutes, en les retournant régulièrement.

5 Pendant ce temps, ramollir le beurre et y incorporer le persil, la ciboulette, le thym et le zeste de citron, puis saler et poivrer.

6 Disposer les épis de maïs dans des assiettes chaudes, retirer la ficelle s'il y a lieu et déplier les feuilles. Servir accompagné d'une belle noix de beurre persillé. Manger les épis à l'aide de deux fourchettes ou de poignées spéciales pour épis de maïs, et prévoir beaucoup de serviettes en papier.

## CONSEIL

*Vous pouvez aussi faire cuire des épis de maïs surgelés au barbecue : il suffit d'étaler du beurre persillé sur une double épaisseur de papier d'aluminium, d'envelopper les épis de maïs dedans et de les faire cuire dans les braises pendant 20 à 30 minutes.*

# Papillotes de potiron au piment

### 4 personnes

## INGRÉDIENTS

| | | |
|---|---|---|
| 700 g de potiron ou de courge | 25 g de beurre | zeste râpé d'un citron vert |
| 2 cuil. à soupe d'huile de tournesol | 1/2 cuil. à café de sauce au piment | 2 cuil. à café de jus de citron vert |

1 Couper le potiron en deux et retirer les graines. Rincer les graines et réserver. Couper le potiron en tranches et le peler.

2 Faire chauffer les matières grasses mélangées dans une casserole, sans cesser de remuer jusqu'à ce que le tout soit fondu. Incorporer la sauce au piment, le zeste et le jus de citron vert.

3 Ajouter le potiron, ainsi que les graines, et remuer jusqu'à ce que le tout soit bien imprégné de beurre parfumé.

4 Répartir la préparation dans 4 feuilles de papier d'aluminium en double épaisseur. Refermer le papier, qui doit bien envelopper les morceaux de potiron.

5 Faire cuire les papillotes au barbecue 15 à 25 minutes sur des braises très chaudes, ou jusqu'à ce que le potiron soit tendre.

6 Disposer les papillotes dans des assiettes chaudes. Ouvrir les papillotes à table.

## VARIANTE

*2 cuillerées à café de pâte de curry remplaceront citron vert et piment.*

## CONSEIL

*Il est préférable de porter des gants quand vous émincez et épépinez des piments. Sinon, huilez un peu vos doigts pour éviter d'avoir la peau irritée par le jus des piments. Nettoyez vos mains immédiatement après.*

# Pain à l'ail

### 6 personnes

## INGRÉDIENTS

| | | |
|---|---|---|
| 150 g de beurre, en pommade | 2 cuil. à soupe de persil frais | poivre |
| 3 gousses d'ail, hachées | haché | 1 baguette ou 2 ficelles |

1 Mélanger le beurre, l'ail et le persil dans un bol jusqu'à obtention d'une consistance homogène. Saler, poivrer et bien mélanger.

2 Découper le pain en tranches fines.

3 Étaler le beurre aromatisé sur une face de chaque tranche et reformer la baguette sur une grande feuille de papier d'aluminium épais.

4 Fermer le papier d'aluminium et cuire 10 à 15 minutes au barbecue, sur des braises très chaudes, jusqu'à ce que le beurre ait fondu et que le pain soit très chaud.

5 Ce pain peut accompagner un grand nombre de plats.

## CONSEIL

*Certaines recettes vous suggèrent de ne pas ouvrir totalement le pain, mais il est plus facile de le servir si vous séparez les tranches. Il vous suffit de bien laisser les tranches dans l'ordre après les avoir beurrées.*

## VARIANTE

*Pour changer, parsemez chaque tranche de pain d'une petite quantité de mozzarella râpée. Reformez le pain et cuisez-le 10 à 15 minutes au barbecue, jusqu'à ce que le fromage ait commencé à fondre.*

## CONSEIL

*Cuit ainsi au barbecue, la saveur de l'ail est très présente. L'ail se marie très bien avec du pain blanc frais croustillant. Un délice !*

# Bruschetta à la méditerranéenne

4 personnes

## INGRÉDIENTS

| | |
|---|---|
| 1 ciabatta ou baguette | huile d'olive vierge extra |
| 1 grosse gousse d'ail | parmesan frais, râpé (facultatif) |

1 Couper le pain en deux, puis recouper dans le sens de la longueur pour obtenir 4 morceaux.

2 Couper la gousse d'ail en deux sans la peler.

3 Faire dorer quelques minutes le pain au barbecue sur des braises très chaudes.

4 Frotter d'ail toute la surface grillée du pain.

5 Arroser le pain d'un filet d'huile d'olive et servir chaud en accompagnement d'un plat.

6 Parsemez éventuellement le pain de parmesan. Remettre 1 à 2 minutes le pain sur le barbecue, face coupée au-dessus, jusqu'à ce que le fromage commence à fondre. Servir très chaud.

## VARIANTE

*Si vous voulez servir les bruschettas en apéritif, garnissez-les de tomates concassées mélangées à des anchois ou des olives hachés.*

## CONSEIL

*Le parmesan déjà râpé perd de sa saveur et de son « mordant » : il est préférable d'acheter le parmesan en un seul morceau et de le râper au dernier moment, ce qui préservera toute sa saveur. Enveloppé de film alimentaire ou de papier aluminium, il se conserve plusieurs mois au frais.*

## CONSEIL

*Si vous ne pelez pas l'ail, vos doigts n'en prendront pas l'odeur.*

# Salade César

**6 à 8 personnes**

## INGRÉDIENTS

| | | |
|---|---|---|
| 2 grosses tranches de pain blanc | 2 tranches de lard, pas trop | ASSAISONNEMENT |
| 2 cuil. à soupe d'huile | maigre | 1 petit œuf |
| de tournesol | 1 grosse romaine | jus d'un citron |
| 1 gousse d'ail | 50 g de parmesan frais | 6 cuil. à soupe d'huile d'olive |
| | | sel et poivre blanc |

1 Pour faire les croûtons, retirer et jeter la croûte du pain. Couper le pain en dés. Chauffer l'huile dans une poêle et y faire rissoler les dés de pain. Égoutter sur du papier absorbant.

2 Enlever délicatement la couenne du lard et la jeter. Hacher le lard et le faire rissoler jusqu'à ce qu'il soit croustillant. Égoutter sur du papier absorbant.

3 Couper l'ail en deux et en frotter l'intérieur du saladier pour lui donner un léger parfum aillé.

4 Laver et ciseler la salade en morceaux de la taille d'une bouchée avant de la mettre dans le saladier.

5 Prélever des copeaux de parmesan avec un économe.

6 Pour préparer l'assaisonnement, fouetter l'œuf dans un petit bol. Incorporer progressivement le jus de citron et l'huile en continuant à fouetter. Saler et poivrer légèrement.

7 Verser l'assaisonnement sur la salade et remuer. Servir parsemé de croûtons, de lard et de copeaux de parmesan.

## CONSEIL

*Il est préférable que les femmes enceintes, les enfants et les personnes au système immunitaire défaillant évitent les recettes à base d'œufs crus.*

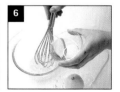

# Salade de chou cru

## 10 à 12 personnes

### INGRÉDIENTS

150 ml de mayonnaise
150 ml de yaourt nature allégé
1 trait de Tabasco

1 chou blanc moyen
4 carottes
1 poivron vert

2 cuil. à soupe de graines
de tournesol
sel et poivre

1 Pour préparer l'assaisonnement, mélanger la mayonnaise, le yaourt, le Tabasco, le sel et le poivre dans un bol. Réserver au réfrigérateur.

2 Couper le chou en deux puis en quatre. Retirer et jeter la partie dure centrale. Ciseler finement les feuilles de chou. Laver les feuilles et les sécher soigneusement.

3 Éplucher les carottes et les hacher dans un robot de cuisine, ou à la main.

4 Couper et épépiner le poivron et émincer finement la chair.

5 Mélanger les légumes dans un grand saladier et remuer. Arroser avec l'assaisonnement et bien mélanger. Mettre au frais.

6 Au dernier moment, mettre les graines de tournesol sur une plaque à pâtisserie et les faire dorer au four ou sous le gril.

7 Parsemer la salade de graines de tournesol et servir.

## CONSEIL

*Préparez cette recette à l'avance. Ajoutez les graines de tournesol au dernier moment pour qu'elles ne perdent pas leur croquant.*

## VARIANTE

*Si vous recherchez un goût légèrement différent, ajoutez à la salade : raisins secs, raisins, pomme râpée, noix concassées, dés de fromage ou cacahuètes grillées.*

# Salade de haricots verts et de carottes

**4 personnes**

### INGRÉDIENTS

350 g de haricots verts
225 g de carottes
1 poivron rouge
1 oignon rouge

VINAIGRETTE
2 cuil. à soupe d'huile d'olive
vierge extra
1 cuil. à soupe de vinaigre
de vin rouge

2 cuil. à café de concentré
de tomates séchées au soleil
1/4 de cuil. à café de sucre
en poudre
sel et poivre

1 Équeuter les haricots et les blanchir à l'eau bouillante 4 minutes, jusqu'à ce qu'ils soient tendres. Égoutter et rincer sous l'eau froide jusqu'à refroidissement complet. Égoutter à nouveau.

2 Transférer les haricots dans un grand saladier.

3 Éplucher les carottes et les couper en julienne, à la mandoline si possible.

4 Couper le poivron et l'épépiner. Émincer finement la chair.

5 Peler l'oignon et l'émincer finement.

6 Ajouter les carottes, le poivron et l'oignon aux haricots et mélanger.

7 Pour préparer la vinaigrette, mettre dans un petit bocal muni d'un couvercle l'huile, le vinaigre, le concentré de tomates, le sucre, le sel et le poivre et agiter.

8 Verser la vinaigrette sur les légumes et servir immédiatement ou réserver au réfrigérateur.

## CONSEIL

*Si vous ne trouvez pas de haricots frais, utilisez des haricots en boîte. Enlevez le liquide et bien égouttez. Il est inutile de les blanchir.*

# Salade d'épinards et d'oranges

4 à 6 personnes

## INGRÉDIENTS

225 g de pousses d'épinards
2 grosses oranges
1/2 oignon rouge

VINAIGRETTE
3 cuil. à soupe d'huile d'olive
vierge
2 cuil. à soupe de jus d'orange
2 cuil. à café de jus de citron

1 cuil. à café de miel liquide
1/2 cuil. à café de moutarde
à l'ancienne
sel et poivre

1 Laver les épinards à l'eau froide, puis les sécher soigneusement dans du papier absorbant. Retirer tous les pédoncules et ciseler les grandes feuilles.

2 Retirer le haut et le bas des deux oranges à l'aide d'un couteau tranchant avant de les peler, puis de séparer les quartiers en retirant délicatement les membranes. Réserver le jus pour la vinaigrette.

3 À l'aide d'un couteau tranchant, émincer l'oignon.

4 Mélanger les feuilles de salade et les quartiers d'orange dans un plat de service. Répartir l'oignon émincé sur la salade.

5 Pour préparer la vinaigrette, mélanger dans un bol l'huile d'olive, le jus d'orange, le jus de citron, le miel, la moutarde, le sel et le poivre.

6 Verser la vinaigrette sur la salade juste avant de la servir. Bien mélanger pour enrober les feuilles de vinaigrette.

## CONSEIL

*Déchirer les épinards en petits morceaux, plutôt que de les découper, les couper abîme les feuilles.*

## VARIANTE

*Pour un arôme plus poivré, mélangez des feuilles de cresson aux feuilles d'épinard.*

# Salade de pommes de terre

**4 personnes**

## INGRÉDIENTS

| | | |
|---|---|---|
| 700 g de mitraille | 250 ml de mayonnaise | GARNITURE |
| 8 oignons verts | 1 cuil. à café de paprika | 2 cuil. à soupe de ciboulette |
| 1 œuf dur (facultatif) | sel et poivre | ciselée |
| | | 1 pincée de paprika |

1 Porter une grande casserole d'eau légèrement salée à ébullition. Ajouter les pommes de terre et cuire 10 à 15 minutes, jusqu'à ce qu'elles soient tendres.

2 Égoutter les pommes de terre dans une passoire et les rincer sous l'eau froide jusqu'à refroidissement complet. Les égoutter à nouveau. Mettre les pommes de terre dans une terrine et réserver.

3 À l'aide d'un couteau tranchant, parer et émincer finement les oignons verts en biais.

4 Hacher l'œuf dur.

5 Mélanger la mayonnaise, le paprika, le sel et le poivre dans un bol. Verser la préparation sur les pommes de terre.

6 Ajouter les oignons et l'œuf (facultatif) aux pommes de terre et mélanger.

7 Transférer la salade de pommes de terre dans un saladier, parsemer de ciboulette ciselée et d'une pincée de paprika. Couvrir et laisser reposer au réfrigérateur.

## VARIANTE

*Pour une sauce plus légère, réduisez de moitié la mayonnaise et ajoutez 125 ml de yaourt nature.*

## VARIANTE

*Ajoutez des dés de fromage à la salade de pommes de terre.*

# Taboulé

**4 personnes**

## INGRÉDIENTS

225 g de blé concassé
225 g de tomates
1 petit oignon
1/4 de concombre
1/2 poivron rouge

4 cuil. à soupe de persil frais
haché
3 cuil. à soupe de menthe fraîche
hachée
2 cuil. à soupe de pignons

4 cuil. à soupe de jus de citron
4 cuil. à soupe d'huile d'olive
vierge extra
2 gousses d'ail, hachées
sel et poivre

1 Mettre le blé concassé dans une terrine et recouvrir d'une grande quantité d'eau bouillante. Laisser reposer 30 minutes environ, jusqu'à ce que les grains soient tendres et gonflés.

2 Égoutter le blé au chinois. Appuyer avec une assiette pour exprimer le plus d'eau possible. Verser le blé concassé dans un grand saladier.

3 Couper les tomates en deux, enlever et jeter les pépins. Hacher la chair en dés fins. Hacher finement l'oignon à l'aide d'un couteau tranchant.

4 Épépiner le concombre et hacher finement la chair.

5 Épépiner le poivron et hacher la chair. Ajouter les légumes préparés au blé concassé avec les fines herbes et les pignons. Bien mélanger.

6 Mélanger dans un bol le jus de citron, l'huile, l'ail, le sel et le poivre.

7 Verser ce mélange sur le blé et les légumes et mélanger. Réserver au réfrigérateur.

## CONSEIL

*Préparée quelques heures,
voire quelques jours,
à l'avance, cette salade
n'en sera que meilleure :
avec le temps, les saveurs
se développent et
se mélangent.*

# Salade chaude de lentilles au vinaigre balsamique

### 6 à 8 personnes

## INGRÉDIENTS

175 g de lentilles du Puy, cuites
4 cuil. à soupe d'huile d'olive
1 petit oignon, coupé en dés
1/2 poivron jaune, épépiné
et coupé en dés
4 branches de céleri, émincées

2 courgettes, parées et coupées
en dés
125 g de haricots verts, équeutés
et coupés en petits morceaux
1/2 poivron rouge, épépiné
et coupé en dés

sel et poivre
1 cuil. à café de moutarde
de Dijon
1 cuil. à soupe de vinaigre
balsamique
2 gousses d'ail, hachées

1 Mettre les lentilles, éventuellement tièdes, dans un grand saladier.

2 Chauffer l'huile dans une casserole et y faire fondre l'oignon et le céleri 2 à 3 minutes.

3 Ajouter l'ail, les courgettes et les haricots verts dans la casserole et poursuivre la cuisson 2 minutes.

4 Ajouter les poivrons et cuire 1 minute.

5 Incorporer la moutarde et le vinaigre balsamique dans la casserole et mélanger jusqu'à ce que tous les ingrédients soient chauds.

6 Verser la préparation chaude sur les lentilles et bien mélanger. Saler, poivrer et servir immédiatement.

## CONSEIL

*Pour cuire les lentilles, rincez-les et mettez-les dans une casserole. Recouvrez-les d'une grande quantité d'eau froide et portez à ébullition. Laissez bouillir 10 minutes, puis réduisez le feu et laissez mijoter 35 minutes jusqu'à ce qu'elles soient tendres. Égouttez bien.*

# Salade italienne à la mozzarella

### 6 personnes

## INGRÉDIENTS

200 g de petits épinards
125 g de cresson
125 g de mozzarella

225 g de tomates cerises
2 cuil. à café de vinaigre
balsamique

1 cuil. à soupe 1/2 d'huile d'olive
vierge extra
sel et poivre noir moulu

1 Laver les épinards et le cresson et bien égoutter sur du papier absorbant. Retirer toute tige dure. Mettre les feuilles d'épinards et de cresson dans un saladier.

2 Couper la mozzarella en petits morceaux et en parsemer les feuilles d'épinards et de salade.

3 Couper les tomates cerises en deux et les répartir sur la salade.

4 Arroser de vinaigre balsamique et d'huile. Saler, poivrer et remuer la salade. Servir immédiatement ou réserver au réfrigérateur.

## VARIANTE

*Remplacez la mozzarella par de la feta ou du halloumi, et le vinaigre balsamique par du vinaigre de xérès, si vous préférez.*

## CONSEIL

*La mozzarella est un fromage très apprécié. À la saveur douce et fraîche, elle est traditionnellement produite à partir de lait de bufflonne. Elle est souvent vendue dans du petit lait pour préserver son moelleux. Devenu rare, le lait de bufflonne est remplacé par du lait de vache. La mozzarella se marie bien avec les tomates, un grand classique aujourd'hui.*

# Salade d'artichauts et de jambon de Parme (prosciutto)

4 personnes

## INGRÉDIENTS

275 g de cœurs d'artichauts à l'huile en boîte, égouttés
4 petites tomates
25 g de tomates séchées au soleil dans l'huile
40 g de jambon de Parme (prosciutto)

quelques feuilles de basilic
25 g d'olives noires, dénoyautées et coupées en deux

VINAIGRETTE
1 cuil. à soupe de vinaigre de vin blanc

3 cuil. à soupe d'huile d'olive
1 gousse d'ail, hachée
1/2 cuil. à café de moutarde douce
1 cuil. à café de miel liquide
sel et poivre

1 Bien égoutter les cœurs d'artichauts avant de les couper en quatre. Réserver dans un saladier.

2 Couper chaque tomate fraîche en quartiers. Émincer les tomates séchées au soleil en fines lanières. Couper le jambon de Parme (prosciutto) en fines lanières et ajouter dans le saladier avec les tomates et les olives coupées en deux.

3 Réserver quelques feuilles de basilic pour la garniture. Ciseler finement le reste et ajouter au saladier contenant les ingrédients de la salade.

4 Mettre l'huile, le vinaigre de vin, l'ail, la moutarde, le miel, le sel et le poivre dans un bocal avec couvercle et agiter vigoureusement.

5 Verser la vinaigrette sur la salade et mélanger.

6 Servir la salade garnie de quelques feuilles de basilic entières.

## CONSEIL

*Pour plus de saveur, choisissez des artichauts à l'huile en bocal. Rincez-les pour en retirer le liquide salé.*

# Salade de poires et de roquefort

## 4 personnes

### INGRÉDIENTS

50 g de roquefort
150 ml de yaourt nature allégé
2 cuil. à soupe de ciboulette
   ciselée

quelques feuilles de lollo rosa
quelques feuilles de trévise
quelques feuilles de mâche
2 poires mûres

poivre
brins entiers de ciboulette,
   en garniture

1 Mettre le fromage dans un bol et l'émietter à la fourchette. Incorporer progressivement le yaourt au fromage jusqu'à obtention d'une sauce homogène. Ajouter la ciboulette et poivrer légèrement.

2 Déchirer les feuilles de lollo rosa, de trévise et de mâche en morceaux de la taille d'une bouchée. Disposer les feuilles de salade sur un plat ou des assiettes.

3 Couper les poires en quatre, enlever le cœur et les émincer.

4 Disposer les poires sur les feuilles de salade.

5 Verser la sauce sur les poires, garnir de quelques brins entiers de ciboulette et servir.

## CONSEIL

*Si vous proposez la salade de poires et de roquefort en entrée, servez-la dans des assiettes, sinon, dans un saladier en accompagnement d'autres plats.*

## CONSEIL

*Prenez des paquets de feuilles de salades variées : cela revient généralement moins cher que d'acheter chaque type de salade séparément. Si vous utilisez des salades qui n'ont pas été nettoyées, rincez-les et séchez-les bien avec du papier absorbant ou dans une essoreuse à salade. Vous pouvez également envelopper la salade dans un torchon propre et secouer.*

# Salade de pâtes, vinaigrette au basilic

### 4 personnes

## INGRÉDIENTS

225 g de fusilli (pâtes torsadées)
4 tomates
50 g d'olives noires
25 g de tomates séchées au soleil
dans l'huile
2 cuil. à soupe de pignons

2 cuil. à soupe de parmesan râpé
basilic frais, en garniture

VINAIGRETTE
15 g de feuilles de basilic
1 gousse d'ail
2 cuil. à soupe de parmesan râpé

4 cuil. à soupe d'huile d'olive
vierge extra
2 cuil. à soupe de jus de citron
sel et poivre

1 Cuire les pâtes 10 à 12 minutes dans de l'eau bouillante légèrement salée, jusqu'à ce qu'elles soient tendres, ou selon les instructions du paquet. Égoutter et rafraîchir les pâtes sous l'eau froide. Égoutter à nouveau et mettre dans une terrine

2 Pour préparer la vinaigrette, mettre les feuilles de basilic, l'ail, le fromage, l'huile et le jus de citron dans un robot de cuisine. Saler et poivrer.

Mixer jusqu'à ce que les feuilles soient bien hachées et les ingrédients mélangés. Il est également possible de hacher le basilic à la main et de le mélanger aux autres ingrédients de la vinaigrette. Verser la vinaigrette sur les pâtes et remuer.

3 Couper les tomates en quartiers. Dénoyauter les olives et les couper en deux. Émincer les tomates séchées au soleil. Faire dorer les pignons sous le gril.

4 Ajouter les tomates (fraîches et séchées au soleil) et les olives aux pâtes et mélanger.

5 Transférer les pâtes dans un saladier, parsemer de parmesan et de pignons et garnir de quelques feuilles de basilic.

# Salade de mangues et de riz sauvage

### 6 personnes

## INGRÉDIENTS

75 g de riz sauvage
150 g de riz basmati
3 cuil. à soupe d'huile
de noisettes
1 cuil. à soupe de vinaigre
de xérès

1 mangue mûre
3 branches de céleri
75 g d'abricots secs prêts
à consommer, hachés
75 g d'amandes effilées, grillées
sel et poivre

2 cuil. à soupe de coriandre
fraîche, hachée,
ou de menthe
brins de coriandre fraîche,
ou de menthe, en garniture

1 Cuire les deux types de riz dans deux casseroles d'eau bouillante légèrement salée. Cuire 45 à 50 minutes le riz sauvage, et 10 à 12 minutes le riz basmati. Égoutter, rincer et égoutter à nouveau. Mettre dans une terrine.

2 Mélanger l'huile, le vinaigre et les fines herbes. Verser la vinaigrette sur le riz et bien mélanger.

3 Couper la mangue en deux le plus près possible du noyau. Retirer et jeter le noyau.

4 Peler la mangue et émincer la chair.

5 Émincer finement le céleri et l'ajouter aux riz refroidis avec la mangue, les abricots, les amandes et les fines herbes hachées. Mélanger et verser dans un saladier. Garnir de quelques brins de fines herbes fraîches.

## CONSEIL

*Pour griller les amandes, mettez-les 5 à 10 minutes sur une plaque à pâtisserie dans un four préchauffé à 180 °C (th. 6). Vous pouvez aussi les faire griller sous le gril mais retournez-les souvent et surveillez-les de près car elles brûlent vite.*

# Salade de haricots variés

6 à 8 personnes

## INGRÉDIENTS

400 g de flageolets en boîte,
égouttés
400 g de haricots rouges en boîte,
égouttés
400 g de haricots beurre en boîte,
égouttés

1 petit oignon rouge, finement
émincé
175 g de haricots verts nains,
équeutés et émincés
1 poivron rouge, coupé en deux et
épépiné

VINAIGRETTE
4 cuil. à soupe d'huile d'olive
2 cuil. à soupe de vinaigre de xérès
2 cuil. à soupe de jus de citron
1 cuil. à café de sucre de canne blond
1 cuil. à café de sauce au piment

1 Mettre les haricots en boîte dans une terrine. Ajouter l'oignon émincé et mélanger.

2 Couper les haricots nains en deux et les cuire dans de l'eau bouillante légèrement salée 8 minutes, jusqu'à ce qu'ils soient juste tendres. Rafraîchir sous l'eau froide et égoutter. Ajouter à la préparation précédente.

3 Mettre les demi-poivrons, côté coupé au-dessous, sur une grille et cuire sous le gril jusqu'à ce que la peau

noircisse et brûle. Laisser refroidir légèrement avant de les enfermer dans un sac plastique 10 minutes. Enlever la peau des poivrons. Hacher la chair et l'ajouter aux haricots.

4 Pour préparer la vinaigrette, mettre dans un petit bocal muni d'un couvercle l'huile, le vinaigre de xérès, le jus de citron, le sucre et la sauce au piment (facultatif) et agiter.

5 Verser la vinaigrette sur la salade de haricots

et mélanger. Réserver au réfrigérateur.

## VARIANTE

*Vous pouvez mélanger toutes sortes de haricots dans cette salade. Pour changer, remplacez la sauce au piment par 1 cuillerée à café de pâte de curry.*

# Salade méditerranéenne aux poivrons

**4 personnes**

## INGRÉDIENTS

2 poivrons rouges, coupés
en deux et épépinés

2 poivrons jaunes, coupés
en deux et épépinés

2 gousses d'ail, émincées

3 cuil. à soupe d'huile d'olive
vierge extra

1 oignon, coupé en quartiers

2 grosses courgettes, émincées

50 g de filets d'anchois, hachés

1 cuil. à soupe de vinaigre
balsamique

25 g d'olives noires, dénoyautées
et coupées en quatre

feuilles de basilic frais

1 Mettre les demi-poivrons, côté coupé au-dessous, sur une grille et cuire sous le gril jusqu'à ce que la peau noircisse et brûle. Laisser tiédir les poivrons et les enfermer dans un sac plastique environ 10 minutes.

2 Enlever la peau des poivrons. Couper la chair en larges lanières.

3 Chauffer l'huile dans une grande poêle et y faire fondre l'oignon 10 minutes. Ajouter les rondelles de courgette, l'ail et les lanières de poivron et poursuivre la cuisson 10 minutes, en remuant de temps en temps.

4 Ajouter le vinaigre, les anchois et les olives. Saler et poivrer. Mélanger et laisser refroidir.

5 Réserver quelques feuilles de basilic pour la garniture, avant de ciseler finement les autres. Les incorporer dans la salade.

6 Mettre la salade dans un saladier et garnir de quelques feuilles de basilic.

## CONSEIL

*Le vinaigre balsamique provient de Modène en Italie. Sa saveur riche et douce convient bien aux salades méditerranéennes. Vous pouvez le remplacer par du vinaigre de xérès ou de vin blanc.*

# Desserts

N'oubliez pas les desserts ! Eux aussi peuvent se cuire au barbecue. Même s'ils n'ont pas la vedette, il sont toujours amusants à réaliser. La plupart peuvent se préparer à l'avance et être posés sur les braises en train de refroidir pendant que vous dégustez le plat principal.

Les fruits sont toujours un bon choix, en raison de leur légèreté par opposition avec les plats principaux souvent riches et copieux. Que pensez-vous de croissants farcis au chocolat et aux framboises, ou du panettone garni de mascarpone ?

Ayez toujours des réserves de crèmes glacées chez vous. Appréciées des enfants, elles sont délicieuses en accompagnement de fruits cuits au barbecue lors de chaudes journées d'été. Yaourt nature et crème fleurette sont également utiles. Mais si vous préférez un dessert froid, proposez une simple salade de fruits.

Faites-vous un petit plaisir rapide ! Piquez des marshmallows sur des brochettes et tenez-les au-dessus de braises chaudes jusqu'à ce qu'ils ramollissent. Ou encore, piquez des petits pains briochés sur une brochette, faites-les dorer et servez-les avec du sirop d'érable.

# *Pommes au barbecue*

4 personnes

## INGRÉDIENTS

| | | |
|---|---|---|
| 4 pommes à cuire moyennes | 25 g de gingembre confit, haché | crème fleurette ou yaourt nature, |
| 25 g de noix, hachées | 1 cuil. à soupe d'amaretto | en accompagnement |
| 25 g d'amandes en poudre | (liqueur à l'amande) | |
| 25 g de sucre de canne blond | (facultatif) | |
| 25 g de cerises, hachées | 50 g de beurre | |

1 Évider les pommes et pratiquer une incision circulaire à mi-hauteur pour éviter qu'elles n'éclatent pendant la cuisson.

2 Pour préparer la farce, mélanger les noix, les amandes, le sucre, les cerises, le gingembre et l'amaretto (facultatif) dans une jatte.

3 Farcir le cœur évidé de chaque pomme avec la préparation obtenue en formant un petit monticule sur le dessus.

4 Poser chaque pomme sur un carré de papier d'aluminium en double épaisseur et parsemer généreusement de noisettes de beurre. Refermer le papier d'aluminium.

5 Faire cuire les papillotes 25 à 30 minutes au barbecue, sur des braises très chaudes.

6 Transférer les pommes sur des assiettes chaudes. Servir avec de la crème fouettée ou du yaourt nature.

## CONSEIL

*Si les braises sont presque éteintes, mettez les papillotes directement dessus, en rapprochant les braises. Faites cuire 25 à 30 minutes au barbecue et servez avec de la crème ou du yaourt.*

# Brochettes de fruits
# à la sauce au chocolat

### 4 personnes

## INGRÉDIENTS

différents fruits (oranges,
bananes, fraises, morceaux
d'ananas (frais ou
en boîte), abricots (frais ou en
boîte), pommes à couteau,
poires, kiwis)
1 cuil. à soupe de jus de citron

SAUCE AU CHOCOLAT
50 g de beurre
50 g de chocolat noir, cassé
en petits morceaux
1/2 cuil. à soupe de cacao en
poudre

2 cuil. à soupe de sirop de sucre
de canne

GLAÇAGE
4 cuil. à soupe de miel liquide
zeste râpé et jus d'une
demi-orange

1 Pour préparer la sauce au chocolat, mettre le beurre, le chocolat, le cacao et le sirop de sucre dans une casserole. Chauffer à feu doux sur une cuisinière ou sur le bord du barbecue, sans cesser de remuer, jusqu'à ce que tout soit fondu et bien mélangé.

2 Pour préparer les fruits, les éplucher, les évider au besoin, et les couper en gros cubes ou en quartiers selon les fruits. Arroser les pommes, les poires et les bananes de jus de citron pour éviter qu'elles ne noircissent. Piquer les fruits sur des brochettes.

3 Pour préparer le glaçage, mélanger le miel, le jus et le zeste d'orange, chauffer à feu doux et en badigeonner les fruits.

4 Faire cuire les brochettes 5 à 10 minutes au barbecue, sur des braises chaudes. Servir avec la sauce au chocolat.

## CONSEIL

*Si les braises sont trop chaudes, relevez la grille pour la placer à 15 cm au-dessus des braises, ou étalez celles-ci pour abaisser la température. Ne préparez pas les brochettes plus de 1 à 2 heures avant de les servir.*

# Brochettes de fruits au caramel

### 4 personnes

## INGRÉDIENTS

2 pommes à couteau
2 poires fermes, évidées
et coupées en quartiers
jus d'un demi-citron
25 g de sucre de canne blond

1/4 de cuil. à café de poivre
de la Jamaïque
25 g de beurre doux, fondu

SAUCE
125 g de beurre
100 g de sucre de canne blond
6 cuil. à soupe de crème fraîche

1 Évider les pommes et les couper en quartiers. Arroser les pommes et les poires de jus de citron pour éviter qu'elles ne noircissent.

2 Mélanger le sucre et le poivre de la Jamaïque et en saupoudrer les fruits.

3 Piquer les fruits sur des brochettes.

4 Pour préparer le caramel, mettre le beurre et le sucre dans une casserole et cuire, en remuant délicatement, jusqu'à ce que le beurre ait fondu et que le sucre soit dissous.

5 Ajouter la crème et porter à ébullition. Laisser bouillir 1 à 2 minutes, puis réserver.

6 Entre-temps, mettre les brochettes de fruits sur des braises très chaudes et cuire environ 5 minutes, en les retournant et en les badigeonnant souvent de beurre fondu, jusqu'à ce que les fruits soient tendres.

7 Transférer les brochettes de fruits sur des assiettes chaudes et servir avec le caramel tiédi.

## CONSEIL

*Ce plat demande des pommes fermes : Golden Delicious, Granny Smith et Braeburn conviennent toutes. Des pommes et des poires fondantes se déferont à la cuisson.*

## VARIANTE

*Parsemez les brochettes de fruits de noix ou de noix de pécan concassées avant de servir.*

# Croissants au chocolat et aux framboises

### 4 personnes

| | | |
|---|---|---|
| 4 croissants au beurre | 4 cuil. à café de confiture | 125 g de framboises |
| 75 g de chocolat noir | de framboises | huile, pour graisser |

1 Couper les croissants en deux. Étaler 1 cuillerée à café de confiture de framboises sur la face intérieure des croissants.

2 Râper ou hacher finement le chocolat et en parsemer la confiture de framboises.

3 Graisser légèrement 4 feuilles de papier d'aluminium avec un peu d'huile.

4 Répartir les framboises dans les croissants et recouvrir de l'autre moitié de croissant. Mettre un croissant par feuille de papier d'aluminium et fermer.

5 Mettre la grille à 15 cm au-dessus de braises très chaudes. Poser les croissants sur la grille et les laisser réchauffer 10 à 15 minutes, jusqu'à ce que le chocolat commence à fondre.

6 Retirer le papier d'aluminium et disposer les croissants sur des assiettes. Servir très chaud.

## VARIANTE

*Vous pouvez également utiliser du chocolat au lait ou un mélange de chocolat au lait et noir.*

## VARIANTE

*Autre délicieuse variante, des croissants au chocolat et aux framboise : remplacez les framboises par des fraises émincées et de la confiture de fraises.*

## CONSEIL

*Utilisez de la confiture d'excellente qualité. Mieux encore, utilisez de la confiture maison.*

# *Bananes à la crème d'orange*

### 4 personnes

## INGRÉDIENTS

| | |
|---|---|
| 4 bananes | CRÈME D'ORANGE |
| 2 fruits de la passion | 150 ml de crème fraîche |
| 4 cuil. à soupe de jus d'orange | 3 cuil. à soupe de sucre glace |
| 4 cuil. à soupe de liqueur | 2 cuil. à soupe de liqueur |
| à l'orange | à l'orange |

1 Éplucher les bananes et les poser sur 4 feuilles de papier d'aluminium.

2 Couper les fruits de la passion en deux et en exprimer le jus sur chaque banane. Arroser de jus et de liqueur d'orange.

3 Replier hermétiquement le papier d'aluminium sur les bananes.

4 Faire cuire les bananes environ 10 minutes au barbecue, sur des braises très chaudes.

5 Pour préparer la crème d'orange, verser la crème dans un bol et saupoudrer de sucre glace. Fouetter la crème en chantilly. Incorporer délicatement la liqueur à l'orange et réserver au réfrigérateur.

6 Transférer les bananes en papillotes sur des assiettes chaudes. Ouvrir les papillotes à table et servir immédiatement avec la crème à l'orange.

## VARIANTE

*N'épluchez pas les bananes. Fendez la peau et insérez 1 à 2 carrés de chocolat. Enveloppez-les dans du papier d'aluminium et faites-les cuire 10 minutes au barbecue, jusqu'à ce que le chocolat commence à fondre.*

# Panettone aux fraises

## 4 à 6 personnes

### INGRÉDIENTS

225 g de fraises
25 g de sucre semoule
6 cuil. à soupe de marsala

1/2 cuil. à café de cannelle
en poudre
4 tranches de panettone

4 cuil. à soupe de mascarpone

1 Équeuter et émincer les fraises. Les mettre dans une jatte. Ajouter le sucre, le marsala et la cannelle.

2 Mélanger les fraises avec le sucre et la cannelle jusqu'à ce que les fruits soient bien imprégnés. Laisser reposer au réfrigérateur pendant au moins 30 minutes.

3 Au moment de servir, mettre les tranches de panettone au barbecue sur des braises assez chaudes ou sous un gril. Faire dorer le panettone pendant environ 1 minute de chaque côté.

4 Retirer délicatement le panettone du barbecue et disposer dans des assiettes à dessert.Garnir les tranches de panettone de mascarpone et des fraises marinées. Servir immédiatement.

## CONSEIL

*Le mascarpone est un fromage doux italien, à la texture crémeuse et au goût de crème épaisse. Il sera délicieux fondu dans le panettone. Si vous n'en trouvez pas, vous pouvez le remplacer par de la crème fraîche épaisse.*

## VARIANTE

*Des biscottes tartinées de mascarpone peuvent être grillées au barbecue.*

# Ananas piña colada

### 4 personnes

## INGRÉDIENTS

50 g de noix de coco fraîche,
  râpée
1 petit ananas

2 cuil. à soupe de liqueur
  à la noix de coco ou de rhum

50 g de beurre doux
25 g de sucre de canne blond

1 Couper l'ananas en quatre à l'aide d'un couteau tranchant. Retirer le cœur dur, mais conserver les feuilles.

2 Séparer la chair d'ananas de l'écorce. Couper la chair en quartiers.

3 Mettre le beurre dans une casserole et faire fondre à feu doux, sans cesser de remuer. Badigeonner l'ananas de beurre fondu et saupoudrer de sucre.

4 Couvrir les feuilles d'ananas de papier d'aluminium afin d'éviter qu'elles ne brûlent. Mettre les morceaux d'ananas sur une grille, sur des braises très chaudes.

5 Cuire au barbecue environ 10 minutes.

6 Parsemer les ananas de noix de coco et poursuivre la cuisson 5 à 10 minutes, jusqu'à ce qu'ils soient très chauds.

7 Transférer les ananas sur des assiettes et retirer le papier d'aluminium qui entoure les feuilles. Verser un peu de liqueur à la noix de coco ou de rhum sur l'ananas et servir immédiatement.

## CONSEIL

*Préférez la noix de coco fraîche qui a plus de saveur. Mais vous pouvez utiliser de la noix de coco déshydratée (effilée).*

# Poires fourrées aux fruits secs

### 4 personnes

## INGRÉDIENTS

4 poires fermes
1 cuil. à café de jus de citron
2 cuil. à soupe de hachis de fruits
    confits et raisins secs

15 g de beurre
5 cuil. à soupe de biscuits
    émiettés ou 4 biscuits
    amaretti, écrasés

glace, en accompagnement

1 Couper les poires en deux et enlever le cœur avec une cuillère à café.

2 Badigeonner la surface coupée de chaque demi-poire d'un peu de jus de citron pour éviter qu'elle noircisse.

3 Mélanger le hachis de fruits et les biscuits émiettés.

4 Répartir la préparation dans les demi-poires, en faisant un petit monticule au niveau du cœur évidé.

5 Mettre 2 demi-poires sur un carré en double épaisseur de papier d'aluminium et parsemer généreusement de noisettes de beurre.

6 Enfermer les poires dans le papier d'aluminium.

7 Poser les papillotes sur une grille placée au-dessus de braises très chaudes. Cuire 25 à 30 minutes au barbecue, jusqu'à ce que les poires soient chaudes et juste tendres.

8 Transférer les poires sur des assiettes. Servir avec 2 cuillerées de glace par portion.

## VARIANTE

*Vous pouvez farcir et cuire des pommes de la même manière au barbecue.*

## CONSEIL

*Si les braises sont presque éteintes, mettez les papillotes directement sur celles-ci, et faites cuire 25 à 30 minutes.*

# *Pêches fourrées au mascarpone croquant*

### 4 personnes

## INGRÉDIENTS

| | | |
|---|---|---|
| 4 pêches | 40 g de noix de pecan | 1 cuil. à café d'huile de tournesol |
| 175 g de mascarpone | ou de noix, hachées | 4 cuil. à soupe de sirop d'érable |

1 Couper les pêches en deux et retirer le noyau. En cas de préparation à l'avance, remettre les deux moitiés de pêches l'une contre l'autre et les envelopper de film alimentaire jusqu'au moment de servir.

2 Bien mélanger le mascarpone et les noix dans une jatte. Réserver au réfrigérateur.

3 Pour servir, badigeonner les pêches avec un peu d'huile et mettre sur une grille au-dessus de braises chaudes. Faire cuire 5 à 10 minutes au barbecue, en les retournant une fois, jusqu'à ce qu'elles soient bien chaudes.

4 Disposer les pêches sur un plat et garnir de préparation au mascarpone et aux noix.

5 Arroser les pêches et le mascarpone d'un filet de sirop d'érable et servir immédiatement.

## CONSEIL

*Le mascarpone est très gras, vous pouvez le remplacer par du yaourt nature épais.*

## VARIANTE

*Dans cette recette, vous pouvez remplacer les pêches par des nectarines. N'oubliez pas de choisir des fruits mûrs mais relativement fermes qui ne se déferont pas à la cuisson. Préparez les nectarines comme les pêches et mettez 5 à 10 minutes au barbecue.*

# *Papillotes aux fruits exotiques*

### 4 personnes

## INGRÉDIENTS

1 papaye
1 mangue
1 carambole

1 cuil. à soupe de grenadine
3 cuil. à soupe de jus d'orange

crème fleurette ou yaourt nature,
en accompagnement

1 Couper la papaye en deux, enlever les pépins et les jeter. Éplucher la papaye et couper la chair en tranches épaisses.

2 Préparer la mangue en la coupant dans la longueur de part et d'autre du noyau.

3 Quadriller chaque moitié de mangue en incisant profondément. Retourner chaque moitié vers l'extérieur pour détacher les dés de chair et les séparer de la peau.

4 Émincer la carambole à l'aide d'un couteau tranchant.

5 Mettre tous les fruits dans une jatte et mélanger.

6 Mélanger la grenadine et le jus d'orange et verser sur les fruits. Laisser mariner au moins 30 minutes.

7 Répartir les fruits sur 4 carrés en double épaisseur de papier d'aluminium et rabattre les bords pour enfermer les fruits dans la papillote.

8 Mettre les papillotes sur une grille, sur des braises chaudes et cuire pendant 15 à 20 minutes au barbecue.

9 Servir les fruits dans leur papillote, accompagnés de yaourt nature allégé.

## CONSEIL

*Le sirop de grenadine est un sirop très sucré.*
*Vous pouvez utiliser du jus frais de grenade à la place.*
*Pour extraire le jus, coupez la grenade en deux et pressez-la délicatement avec un presse-agrumes, mais n'appuyez pas trop, sinon le jus risque d'être amer.*

# Liste des recettes